- *As Dez Pragas* -

Vida de
Desobediência
e
Vida de
Obediência

Dr. Jaerock Lee

URIM
BOOKS

> *"'Porque sou eu que conheço os planos
> que tenho para vocês', diz o SENHOR,
> 'planos de fazê-los prosperar e não de lhes causar dano,
> planos de dar-lhes esperança e um futuro.'"*
> *(Jeremia 29:11)*

Vida de Obediência e Vida de Desobediência escrito
por Dr. Jaerock Lee
Publicado pela Livros Urim (Representante: Kyungtae Noh)
73, Yeouidaebang-ro 22-gil, Dongjak-gu, Seul, Coréia
www.urimbooks.com

Todos os direitos reservados. Este livro ou partes dele não podem ser reproduzidos, armazenados ou introduzidos em um sistema de recuperação, nem transmitidos de nenhuma forma ou por nenhum meio (eletrônico, mecânico, fotocópia, gravação ou outro), para nenhuma finalidade, sem a prévia permissão expressa e por escrito da editora.

A menos que se tenha feito observação específica, todas as citações das Escrituras foram retiradas da Bíblia Sagrada, Nova Versão Internacional (NVI) ®, Copyright ©. Usado sob permissão.

Copyright © 2015 por Dr. Jaerock Lee
ISBN: 979-11-263-0022-8 03230
Translation Copyright © 2009 por Dr. Esther K. Chung. Usado sob permissão.

Primeira Publicação em novembro de 2015

Anteriormente publicado em coreano pela Livros Urim em 2007

Editado por Dr. Geumsun Vin
Design de Editorial da Livros Urim
Impresso pela Yewon em Seul, Coreia
Para mais informações, entre contato: urimbook@hotmail.com

Prólogo

A Guerra Civil dos Estados Unidos teve seu auge quando o 16º presidente, Abraham Lincoln, declarou um dia de jejum e oração em 30 de abril de 1863.

"Os desastres terríveis de hoje podem ser o castigo pelos pecados de nossos antecedentes. Tínhamos orgulho demais de nosso sucesso e riqueza. Éramos tão orgulhosos que nos esquecemos de orar a Deus, que nos criou. Temos de confessar os pecados de nossa nação e clamar pela misericórdia e graça de Deus com humildade. Esse é o dever dos cidadãos dos Estados Unidos da América."

Como sugerido pelo grande líder, muitos americanos não comeram nada durante um dia e ofereceram orações em jejum.

Lincoln orou a Deus humildemente e salvou os Estados Unidos da ruína. De fato, podemos encontrar todas as respostas a problemas em Deus.

O evangelho tem sido difundido por muitos pregadores

por séculos, mas muitas pessoas não ouvem a palavra de Deus, dizendo que preferem acreditar nelas mesmas.

Hoje, vemos mudanças de temperatura incomuns e desastres naturais acontecendo em todo o mundo. Mesmo com o desenvolvimento da medicina, existem ainda novas doenças resistentes a tratamentos que estão ficando cada vez mais perigosas.

As pessoas podem confiar em si mesmas. As pessoas podem se distanciar de Deus, mas quando olhamos para suas vidas, não podemos falar sobre elas sem mencionar palavras como ansiedade, dor, pobreza e doença.

Em apenas um dia uma pessoa pode perder sua saúde. Algumas perdem sua amada família ou todos os bens que possuem com acidentes. Outras podem ter muitas dificuldades em seus negócios ou locais de trabalho.

Elas podem questionar: "Por que essas coisas têm de acontecer comigo?", sem conhecer alguma maneira de sair da situação que estão vivendo. Muitos crentes podem sofrer tribulações e testes também sem conhecer uma saída.

Mas tudo tem sua causa, inclusive todos os problemas e

dificuldades pelas quais alguém passa.

As Dez Pragas do Egito e as regras para a Páscoa Judaica registradas no Livro do Êxodo oferecem a pista para as soluções para todos os problemas com os quais a humanidade se depara hoje na terra.

O Egito, espiritualmente, se refere ao mundo, e a lição que se tira das Dez Pragas no Egito se aplica a todas as pessoas do globo terrestre hoje. Contudo, não são muitos os que entendem a vontade de Deus por trás das Dez Pragas.

Uma vez que a Bíblia não utiliza o termo 'Dez Pragas', algumas pessoas dizem que existem onze ou até mais.

Quem tem essa opinião inclui nas Dez Pragas o caso em que a vara de Aarão se transformou em uma cobra. Todavia, a pessoa que via a cobra não sofria dano algum. Assim, de certa forma, é difícil considerar isso como uma das pragas.

O que pode ocorrer é que, como a cobra do deserto possui um veneno muito forte e pode matar uma pessoa com uma mordida, só de vê-la dá para se sentir ameaçado. É por isso que algumas pessoas incluem esse caso como uma das pragas.

Além de incluir o fato de a vara de Aarão ter-se transformado em cobra, a opinião acima também considera a morte dos soldados egípcios no Mar Vermelho. Uma vez que o povo de Israel ainda não tinha atravessado o Mar Vermelho naquele momento, essas pessoas incluem esse incidente dizendo que houve doze pragas. Entretanto, o importante não é o número de pragas, mas o significado espiritual e a providência de Deus contida nelas.

Neste livro são retratadas e contrastadas a vida do faraó, que desobedeceu à palavra de Deus, e a vida de Moisés, que teve uma vida de obediência. Também podemos ver aqui o amor de Deus, como Sua compaixão sem limites, que nos faz conhecer o caminho da salvação através da celebração da Páscoa Judaica, da lei da circuncisão, do significado da Festa dos Pães Asmos.

O faraó testemunhou o poder de Deus e, ainda assim, Lhe desobedeceu, acabando em um estado irreversível, enquanto os israelitas estavam a salvo de todos os desastres por causa de sua obediência.

A razão pela qual Deus nos fala sobre as Dez Pragas é para que entendamos por que tribulações e adversidades vêm sobre nós e possamos, assim, resolver todos os problemas de nossas vidas, fazendo com que elas sejam livres de desastres.

Além disso, ao nos contar sobre as bênçãos que vêm sobre nós quando obedecemos, Deus mostra Seu desejo de que possuamos o reino dos céus como Seus filhos.

Aqueles que lerem este livro poderão encontrar as chaves para a resolução dos problemas da vida. Terão sua sede saciada, como se estivessem diante de uma doce chuva após um longo período de seca, e serão guiados a um caminho de bênçãos e respostas.

Agradeço à Geumsun Vin, diretora da editora, e a todos os colaboradores que fizeram essa publicação possível. Oro, em nome do Senhor Jesus Cristo, para que todos os leitores possam levar vidas de obediência, para que assim possam receber o incrível amor e bênçãos de Deus.

Julho de 2007

Jaerock Lee

Conteúdo

Prólogo

Vida de Desobediência · 1

Capítulo 1
As Dez Pragas do Egito · 3

Capítulo 2
Vida de Desobediência e Pragas · 19

Capítulo 3
As Pragas do Sangue, das Rãs e dos Piolhos · 31

Capítulo 4
As Pragas das Moscas, das Pestes nos Animais e das Feridas Purulentas · 49

Capítulo 5
As Pragas do Granizo e dos Gafanhotos · 65

Capítulo 6
As Pragas das Trevas e da Morte dos Primogênitos · 79

Vida de Obediência · 93

Capítulo 7
A Páscoa Judaica e o Caminho da Salvação · 95

Capítulo 8
A Circuncisão e a Santa Comunhão · 111

Capítulo 9
O Êxodo e a Festa dos Pães Asmos · 127

Capítulo 10
Vida de Obediência e Bênçãos · 139

Vida de Desobediência

"Entretanto, se vocês não obedecerem ao SENHOR, o seu Deus, e não seguirem cuidadosamente todos os seus mandamentos e decretos que hoje lhes dou, todas estas maldições cairão sobre vocês e os atingirão:
"Vocês serão amaldiçoados na cidade e serão amaldiçoados no campo. A sua cesta e a sua amassadeira serão amaldiçoadas. Os filhos do seu ventre serão amaldiçoados, como também as colheitas da sua terra, os bezerros e os cordeiros dos seus rebanhos. Vocês serão amaldiçoados em tudo o que fizerem."
(Deuteronômio 28:15-19)

Capítulo 1

As Dez Pragas do Egito

Êxodo 7:1-7

O SENHOR lhe respondeu: "Dou-lhe a minha autoridade perante o faraó, e seu irmão Arão será seu porta-voz. Você falará tudo o que eu lhe ordenar, e o seu irmão Arão dirá ao faraó que deixe os israelitas saírem do país. Eu, porém, farei o coração do faraó resistir; e, embora multiplique meus sinais e maravilhas no Egito, ele não os ouvirá. Então porei a minha mão sobre o Egito, e com poderosos atos de juízo tirarei do Egito os meus exércitos, o meu povo, os israelitas. E os egípcios saberão que eu sou o SENHOR, quando eu estender a minha mão contra o Egito e tirar de lá os israelitas." Moisés e Arão fizeram como o SENHOR lhes havia ordenado. Moisés tinha oitenta anos de idade e Arão oitenta e três, quando falaram com o faraó.

Todos têm o direito de ser felizes, mas são poucos os que realmente assim se sentem. Especialmente no mundo de hoje, que é tão cheio de acidentes, doenças e crimes, é difícil garantir a felicidade de alguém.

Mas há alguém que quer que experimentemos a felicidade mais que qualquer outra pessoa. É o nosso Pai, que nos criou. No coração da maioria dos pais, há o desejo de dar tudo a seus filhos, incondicionalmente, para sua felicidade. Nosso Deus nos ama muito mais que nossos pais possam nos amar e quer nos abençoar muito mais do que deseja o coração de qualquer mãe ou pai.

Como poderia esse Deus querer que Seus filhos ficassem angustiados ou passassem por desastres? Nada pode ser maior do que o desejo de Deus por nós.

Se conseguirmos entender o significado espiritual e a providência de Deus contida nas dez Pragas do Egito, poderemos ver também nelas o Seu amor, além de aprender como evitar que desastres nos sobrevenham. No entanto, ainda que estejamos diante de desastres, uma saída nos é mostrada e, assim, podemos continuar no caminho de bênçãos.

Quando diante de adversidades, muitas pessoas não creem em Deus, mas murmuram contra Ele. Até mesmo entre crentes, há quem não entenda o coração de Deus, quando está enfrentando tribulações. Essas pessoas perdem o controle e entram em desespero.

Jó era o homem mais rico do Oriente, mas quando desastres lhe sobrevieram, inicialmente ele não entendeu a vontade de Deus. Ele falava de uma maneira como se já estivesse esperando passar pelo que estava passando. Isso está em Jó 2:10. Ele disse que como ele havia sido abençoado por Deus, havia a chance de ele ser azarado também. Entretanto, ele entendia erroneamente que Deus abençoa e traz desastres sobre a vida de alguém sem motivos.

O desejo do coração de Deus por nós nunca é de calamidade, mas de paz. Antes de falarmos sobre as Dez Pragas do Egito, vejamos a situação e as circunstâncias naquela época.

A Criação dos Israelitas

Israel é o povo escolhido de Deus. Em sua história, podemos ver claramente a providência e vontade Dele. Israel foi o nome dado a Jacó; neto de Abraão. Israel significa *"você lutou com Deus e com os homens e venceu"* (Gênesis 32:28).

Isaque era filho de Abraão e teve gêmeos – Esaú e Jacó. Jacó nasceu com a mão agarrada no calcanhar de Esaú, o que era algo incomum. Jacó sempre quis tomar o direito de primogenitura de seu irmão e, assim, certo dia ele o comprou com um pão e um prato de lentilhas. Ele também enganou a seu pai, Isaque, para ficar com as bênçãos do primogênito, Esaú.

Hoje, a cabeça das pessoas mudou muito e elas deixam heranças não só para seus filhos, mas também para suas filhas. No passado, entretanto, era o primogênito que geralmente recebia toda a herança de seus pais. Em Israel essa bênção para o primeiro filho também era muito grande.

A Bíblia nos diz que Jacó tomou as bênçãos do primogênito de forma enganosa, mas ele realmente queria receber as bênçãos de Deus. Até que ele realmente as recebesse, ele teve de passar por muitas dificuldades e até fugir de seu irmão. Serviu a seu tio Labão por 20 anos, onde suportou ser frequentemente enganado e trapaceado por ele.

Quando Jacó voltou para a sua cidade natal, ele se deparou com uma situação de vida ou morte, porque o seu irmão ainda estava bravo com ele. Jacó teve de passar por essas adversidades por causa de sua natureza astuta de querer sempre satisfazer seus próprios interesses e sair lucrando.

Mas como ele temia a Deus mais que os outros, ele destruiu o seu 'eu' e ego com as tribulações por que passou e finalmente recebeu as bênçãos de Deus. A nação de Israel foi formada através de seus doze filhos.

Um Pano de Fundo sobre o Êxodo e a Aparência de Moisés

Por que os israelitas viveram como escravos no Egito?

Jacó, pai de Israel, demonstrou seu favoritismo por seu décimo primeiro filho, José. José nasceu de Raquel, esposa mais querida e amada de Jacó. Isso provocou a inveja dos meio-irmãos de José, até o ponto de ele ser vendido por eles como escravo para o Egito.

José temia a Deus e agia com integridade. Andava com Ele em todas as coisas e depois de apenas 13 anos de ser vendido como escravo, tornou-se o governador de todas as terras do Egito.

Houve uma seca severa no Oriente Médio e, com o favor de José, Jacó e sua família se mudaram para o Egito. Uma vez que o Egito havia escapado daquela terrível fome devido à sabedoria de José, o faraó e os egípcios trataram sua família extremamente bem e deram-lhes a região de Gósen.

Depois que muitas gerações haviam se passado, os israelitas acabaram sendo mais numerosos e os egípcios se sentiram ameaçados. Como já havia centenas de anos desde a morte de José, eles haviam se esquecido de seu gracioso feito.

Enfim, os egípcios começaram a perseguir os israelitas e os fizeram de escravos. Os israelitas foram forçados a fazer trabalhos muito pesados.

Como se não bastasse, a fim de parar com o crescimento dos israelitas, o faraó ordenou que as parteiras hebreias matassem todos os bebês do sexo masculino.

Moisés, o líder do Êxodo, nasceu nesses tempos tenebrosos. Sua mãe viu que ele era lindo e o escondeu por três meses.

Quando não mais conseguia escondê-lo, ela o colocou em um cesto de junco e o deixou entre os juncos à margem do Nilo. Foi quando a princesa do Egito desceu ao Nilo para tomar banho. Ela viu o cesto e quis ficar com o bebê. A irmã de Moisés estava observando tudo que estava acontecendo e rapidamente recomendou Joquebede, a mãe de Moisés, para ajudar a criar a criança. Dessa forma, Moisés foi criado por sua própria mãe. Naturalmente, ele aprendeu sobre o Deus de Abraão, Isaque e Jacó e sobre os israelitas.

Crescendo no palácio do faraó, Moisés adquiriu vários tipos de conhecimento que o preparariam como líder mais tarde e, ao mesmo tempo, aprendeu claramente sobre Deus e o seu povo. O seu amor por eles só crescia.

Deus escolheu Moisés como líder do Êxodo. Desde o nascimento ele aprendeu a exercer controle e a praticar a liderança.

Moisés e Faraó

Até que houve um momento decisivo na vida de Moisés. Ele sempre tinha se preocupado com seu povo, os hebreus, e ficava ansioso diante de seu trabalho árduo e sofrimento como escravos. Um dia, ele viu um egípcio espancando um hebreu e, sem aguentar a ira que sentiu, matou o egípcio. Eventualmente, isso chegou aos ouvidos do faraó e Moisés teve de fugir dele.

Moisés teve de passar os próximos quarenta anos de sua vida como pastor de ovelhas no deserto de Mídia. Tudo isso foi providência de Deus para prepará-lo para ser o líder do Êxodo. Ao longo dos quarenta anos pastoreando as ovelhas de seu sogro no deserto, Moisés se desfez de toda a dignidade que tinha como príncipe do Egito e se tornou um homem muito humilde.

Foi só depois de tudo isso que Deus chamou Moisés para ser o líder do Êxodo.

"Moisés, porém, respondeu a Deus: 'Quem sou eu para apresentar-me ao faraó e tirar os israelitas do Egito?'" (Êxodo 3:11)

Uma vez que Moisés só havia pastoreado ovelhas por 40 anos de sua vida, faltava-lhe confiança. Deus conhecia o seu coração e Ele próprio deu-lhe vários sinais, como fazer uma vara virar cobra, para fazê-lo ir até o faraó e dar-lhe Sua ordem.

Moisés se humilhou completamente e conseguiu obedecer à ordem de Deus. Contudo, o faraó por sua vez, era cabeça-dura e tinha um coração duro.

O homem de coração duro não muda de ideia mesmo diante de muitas obras de Deus. Na conhecida parábola contada por Jesus em Mateus 13:18-23, dentre os quatro tipos de terrenos, o coração duro se encaixa no terreno "à beira do caminho." A beira do caminho é um lugar muito duro, pois as pessoas caminham nele o tempo todo. Aqueles que têm esse tipo de coração não mudam sua forma de pensar, mesmo quando veem as obras de Deus.

Naquele tempo, os egípcios tinham uma natureza corajosa como leões. Seu rei, o faraó, tinha poder absoluto sobre todos e se considerava como um deus. As pessoas também o serviam como a um deus.

Moisés falou de Deus às pessoas que tinham esse tipo de entendimento cultural em relação ao faraó. Eles não sabiam nada sobre o Deus de quem Moisés falava e estava ordenando que o faraó deixasse os israelitas irem. Obviamente, era difícil para eles ouvirem a Moisés.

Os egípcios estavam desfrutando de grande benefício com o trabalho dos israelitas, o que dificultava ainda mais que eles aceitassem a ordem de Deus.

Também hoje existem pessoas que consideram apenas seu conhecimento, fama, autoridade ou riqueza, como sendo 'o melhor'. Procuram satisfazer apenas seus interesses e confiam somente em suas próprias habilidades. São arrogantes e seus corações estão endurecidos.

O coração do faraó e dos egípcios estava endurecido. Assim, eles não obedeceram à vontade de Deus revelada por Moisés. Eles desobedeceram até o fim e acabaram morrendo.

É claro que, embora o coração do faraó já estivesse endurecido, Deus não permitiu que as grandes pragas viessem sobre o Egito desde o princípio.

Como sabemos, *"O SENHOR é misericordioso e compassivo, paciente e transbordante de amor"* (Salmo 145:8), Deus mostrou-lhes o Seu poder por meio de Moisés muitas vezes. Ele queria que eles O reconhecessem e Lhe obedecessem. Mas o faraó endureceu o seu coração ainda mais.

Deus, que vê o coração e mente de todas as pessoas, disse a Moisés para contar ao faraó tudo que Ele ia fazer.

"Eu, porém, farei o coração do faraó resistir; e, embora multiplique meus sinais e maravilhas no Egito, ele não os ouvirá. Então porei a minha mão sobre o Egito, e com poderosos atos de juízo tirarei do Egito os meus exércitos, o meu povo, os israelitas. E os egípcios saberão que eu sou o SENHOR, quando eu estender a minha mão contra o Egito e tirar de lá os israelitas" (Êxodo 7:3-5).

O Coração Duro do Faraó e as Dez Pragas

Podemos ver a frase, "o SENHOR endureceu o coração do faraó" muitas vezes, ao observarmos todo o processo do Êxodo.

Parece realmente que Deus endureceu o coração do faraó propositalmente e alguém pode até acabar entendendo erroneamente que Deus é como um ditador. Contudo, isso não é verdade. Deus quer que todos alcancem a salvação (1 Timóteo 2:4). Ele quer que até o homem com o mais duro coração entenda a verdade e seja salvo.

Deus é um Deus de amor; Ele jamais endureceria o coração do faraó de propósito, a fim de revelar a Sua glória. Além do mais, através do fato de Deus ter enviado Moisés várias vezes ao faraó, podemos ver que Deus deseja que ele e todo o resto do povo mudassem de atitude e Lhe obedecessem.

Deus faz tudo com ordem, amor e justiça, seguindo a palavra na Bíblia. Se praticarmos a maldade e não ouvirmos a palavra de Deus, o inimigo nos acusará. É por isso que enfrentamos tribulações e provações. Aqueles que obedecem à palavra de Deus e vivem em justiça são abençoados.

O homem escolhe como agir, segundo sua vontade própria. Deus não designa quem receberá bênçãos e quem não as receberá. Se Ele não fosse um Deus de amor e justiça, Ele poderia ter colocado uma grande praga sobre o Egito desde o começo, para fazer com que o faraó se submetesse a Ele.

Deus não quer uma 'obediência forçada', nascida do medo. Ele quer que os homens abram seus corações e Lhe obedeçam em seu livre-arbítrio.

Primeiro, Ele faz com que nós conheçamos a Sua vontade e então Ele mostra Seu poder, para que possamos obedecer. Todavia, quando não obedecemos, Ele começa a fazer com que calamidades menores venham sobre nós, para que percebamos as coisas e olhemos para o que estamos fazendo.

O Deus Soberano conhece o coração do homem; Ele sabe que quando as maldades são reveladas, podemos nos despojar delas e receber as soluções para os nossos problemas.

Hoje também Ele nos guia no melhor caminho e aplica o melhor método para fazer com que sejamos filhos santos de Deus.

De tempos em tempos, Ele permite que passemos por provações que podemos suportar. É uma forma de acharmos maldades dentro de nós e nos despojar delas. Como nossa alma fica próspera, Ele faz com que tudo então vá bem para nós e nos dá uma boa saúde.

O faraó, entretanto, não se desfez de sua maldade quando ela foi revelada. Ele endureceu o seu coração e continuou desobedecendo à palavra de Deus. Como Deus conhecia seu coração, Ele fez com que o coração duro do faraó fosse revelado através das pragas. É por isso que a Bíblia diz: "O SENHOR endureceu o coração do faraó."

'Ter um coração duro' geralmente significa que a pessoa é cabeça-dura e sua personalidade é difícil de se agradar. Contudo, o coração duro que se refere ao faraó não é apenas desobedecer à palavra de Deus com maldade, mas se levantar contra Ele.

Como mencionado anteriormente, o faraó vivia uma vida orientada por si mesmo, a ponto inclusive de se considerar como um deus. Todas as pessoas lhe obedeciam e ele não tinha nada a temer. Se ele tivesse um bom coração, ele teria acreditado em Deus ao ver as maravilhosas obras manifestas através de Moisés, mesmo que ele não tivesse ouvido falar de Deus antes.

Por exemplo, Nabucodonosor, da Babilônia, que viveu de 605 a 562 AC, não tinha ouvido falar de Deus, mas ao testemunhar o Seu poder manifestado através dos três amigos de Daniel – Sadraque, Mesaque e Abede-Nego – ele reconheceu Deus.

"Disse então Nabucodonosor: 'Louvado seja o Deus de Sadraque, Mesaque e Abede-Nego, que enviou o seu anjo e livrou os seus servos! Eles confiaram nele, desafiaram a ordem do rei, preferindo abrir mão de sua vida a prestar culto e adorar a outro deus que não fosse o seu próprio Deus. Por isso eu decreto que todo homem de qualquer povo, nação e língua que disser alguma coisa contra o Deus de Sadraque, Mesaque e Abede-Nego seja despedaçado e sua casa seja transformada em montes de entulho, pois nenhum outro deus é capaz de livrar alguém dessa maneira'" (Daniel 3:28-29).

Sadraque, Mesaque e Abede-Nego, ainda jovens, haviam ido para um país gentio como prisioneiros. Mas para obedecerem aos mandamentos de Deus, eles não se curvaram diante de uma estátua. Foram jogados em uma fornalha ardente e não foram danificados em nada – nem mesmo um fio de cabelo foi chamuscado. Quando Nabucodonosor viu isso, ele admitiu imediatamente que havia um Deus Vivo.

Ele não só reconheceu que Deus é Soberano e Sua obra vai além das habilidades humanas, mas também O glorificou diante de todo o seu povo.

O faraó, todavia, não reconheceu Deus, mesmo depois de ver Suas obras poderosas, mas endureceu seu coração ainda mais. Só depois de passar por não apenas uma ou duas, mas dez pragas é que ele deixou os israelitas irem embora.

Contudo, uma vez que seu duro coração era basicamente imutável ainda, ele se arrependeu de ter feito o que fez e perseguiu os israelitas com o seu exército. No fim, este morreu juntamente com o faraó no Mar Vermelho.

Os Israelitas Estavam Sob a Proteção de Deus

Os israelitas, mesmo estando no Egito, não foram atingidos pelas pragas que vieram sobre eles, já que Deus havia colocado Sua proteção espiritual sobre a terra de Gósen, onde eles viviam.

Quando Deus nos protege, nós também podemos ficar a salvo, mesmo diante de grandes desastres e aflições. Mesmo se pegamos alguma doença ou enfrentamos alguma dificuldade, podemos ser curados e obter vitória pelo poder de Deus.

Os israelitas não foram protegidos porque tinham fé e

foram feitos justos. Eles foram protegidos porque eram o povo escolhido de Deus. Diferente dos egípcios, eles buscavam a Deus na angústia e, como O reconheciam, podiam estar sob a Sua proteção.

Da mesma maneira, ainda que tenhamos certas formas de maldade dentro de nós, só o fato de termos nos tornado filhos de Deus já nos possibilita ser protegidos de desastres que vêm sobre incrédulos.

Isso se dá porque fomos perdoados de nossos pecados pelo sangue de Jesus Cristo e nos tornamos filhos de Deus; portanto, não somos mais filhos do diabo, que traz tribulações e desastres sobre nós.

Além disso, à medida que nossa fé vai crescendo, podemos manter o Dia do Senhor Santo, nos despojar da maldade e obedecer à palavra de Deus, recebendo assim, o amor e as bênçãos Dele.

"E agora, ó Israel, o que é que o SENHOR, o seu Deus, lhe pede, senão que tema o SENHOR, o seu Deus, que ande em todos os seus caminhos, que o ame e que sirva ao SENHOR, o seu Deus, de todo o seu coração e de toda a sua alma, e que obedeça aos mandamentos e aos decretos do SENHOR, que hoje lhe dou para o seu próprio bem?" (Deuteronômio 10:13)

Capítulo 2

Vida de Desobediência
e Pragas

Êxodo 7:8-13

Disse o SENHOR a Moisés e a Arão: "Quando o faraó lhes pedir que façam algum milagre, diga a Arão que tome a sua vara e jogue-a diante do faraó; e ela se transformará numa serpente." Moisés e Arão dirigiram-se ao faraó e fizeram como o SENHOR tinha ordenado. Arão jogou a vara diante do faraó e seus conselheiros, e ela se transformou em serpente. O faraó, porém, mandou chamar os sábios e magos; e também os magos do Egito fizeram a mesma coisa por meio das suas ciências ocultas. Cada um deles jogou ao chão uma vara, e estas se transformaram em serpentes. Mas a vara de Arão engoliu as varas deles. Contudo, o coração do faraó se endureceu e ele não quis dar ouvidos a Moisés e a Arão, como o SENHOR tinha dito.

Karl Marx rejeitou a Deus. Ele fundou o comunismo por causa do materialismo. Sua teoria resultou em um grande número de pessoas deixando Deus. Parecia que o mundo inteiro logo adotaria o comunismo, mas em 100 anos ele desmoronou. Assim como na queda do comunismo, Marx sofreu em sua vida pessoal, encontrando-se em um estado de insegurança mental, perdendo seus filhos prematuramente, entre outras coisas.

Friedrich W. Nietzsche, que dizia que Deus está morto, influenciou muitas pessoas a se levantarem contra Deus. Contudo, em pouco tempo ele ficou louco e teve um fim trágico.

Vemos que aqueles que se levantam contra Deus e desobedecem à sua palavra passam por dificuldades que são como pragas e têm vidas miseráveis.

Diferenças entre Pragas, Provações, Testes e Tribulações

Crentes ou não, todas as pessoas podem enfrentar algum tipo de problema em suas vidas, pois nossas vidas estão dentro da provisão de Deus em relação à cultivação humana, criada para a obtenção de verdadeiros filhos.

Deus só nos deu coisas boas, mas com a entrada do pecado no mundo através do pecado de Adão, esse mundo passou a ficar sob o domínio de Satanás. Daí em diante, as pessoas começaram a sofrer de várias dores e adversidades.

Por causa do ódio, raiva, cobiça, arrogância e mentes adúlteras, as pessoas passaram a pecar. Como consequência do pecado, começaram a passar por todos os tipos de testes e provações que são trazidos pelo inimigo.

Quando diante de situações muito difíceis, as pessoas se referem a elas usando a palavra desastres. Quando crentes enfrentam adversidades, geralmente eles as chamam de 'testes', 'tribulações' ou 'provações'.

A Bíblia diz: *"Não só isso, mas também nos gloriamos nas tribulações, porque sabemos que a tribulação produz perseverança; a perseverança, um caráter aprovado; e o caráter aprovado, esperança"* (Romanos 5:3-4).

Os desastres, pragas, testes ou tribulações acontecem na vida de uma pessoa, dependendo se ela vive ou não segundo a verdade e de acordo com a medida de sua fé.

Por exemplo, quando um homem tem fé, mas não age pela palavra que ele ouviu o tempo todo, Deus não pode poupá-lo do sofrimento advindo de vários tipos de dificuldades. Isso pode ser chamado de 'provação.' Quando alguém abandona sua fé e age em inverdade, a pessoa também sofre com pragas e desastres.

Agora suponha que uma pessoa esteja escutando a palavra e tentando praticá-la, mas ainda não vive completamente segundo ela no momento. Então, essa pessoa deve engajar-se no processo de luta contra sua natureza pecaminosa. Quando o homem se depara com muitas adversidades, para que ele possa lutar contra seus pecados a ponto de derramar sangue, a Bíblia diz que ele está passando por provações ou sento disciplinado; isto é, as várias dificuldades que se encontram diante dele são chamadas 'provações.'

'Provação' também é uma ocasião em que se checa quanto a fé de uma pessoa cresceu. Assim, aqueles que tentam viver segundo a palavra se deparam às vezes com provações e testes que os seguem. Se uma pessoa se afasta da verdade e enfurece a Deus, ela sofre com *'tribulações'* e *'pragas.'*

Causas de Pragas

Quando uma pessoa peca deliberadamente, Deus tem de virar as costas para ela e o diabo consegue levar pragas à sua vida. Pragas vêm na medida em que uma pessoa desobedece à palavra de Deus.

Se a pessoa não se arrepender e voltar atrás, mas continuar pecando mesmo depois que estiver sofrendo com pragas, outras maiores ainda o atingem, como foi o caso das Dez Pragas do Egito. No entanto, quando há arrependimento e conversão, as pragas vão embora em pouco tempo, pela misericórdia de Deus.

As pessoas sofrem com pragas por causa de sua maldade, mas podemos observar dois grupos de pessoas dentro destes que estão sofrendo.

Um grupo vem a Deus e tenta se arrepender e converter de seus maus caminhos através das pragas. O outro, por outro lado, chega até a reclamar diante Dele, dizendo: "eu vou à igreja diligentemente, oro e dou ofertas. Por que deveria sofrer com essa praga?"

Os resultados também são completamente diferentes. No primeiro caso, a praga é retirada e a misericórdia de Deus desce sobre eles; enquanto no segundo, eles sequer percebem o problema – pragas maiores os atingem.

Dependendo do tanto de maldade que um homem tem em seu coração, é difícil para ele reconhecer sua culpa e se converter de seus maus caminhos. Essa pessoa possui um coração duro e não abre a porta dele ao ouvir o evangelho. Mesmo que ela venha para a nossa fé, não consegue entender a palavra de Deus; ela apenas vai à igreja, mas não tem sua vida transformada.

Portanto, se você está sofrendo com alguma praga, você tem de reconhecer que houve algo inapropriado aos olhos de Deus em sua vida, se converter de seus maus caminhos e se afastar da praga.

Chances Dadas por Deus

O faraó rejeitou a palavra de Deus entregue a ele através de Moisés. Ele não se converteu quando pragas menores o atingiram e, assim, precisou sofrer com outras maiores. Enquanto ele continuou praticando a maldade, não obedecendo a Deus, todo o seu território se enfraqueceu e era fraco demais para se recuperar. Enfim, ele teve uma morte trágica. Como ele foi tolo!

Depois disso Moisés e Arão foram falar com o faraó e disseram: "Assim diz o SENHOR, o Deus de Israel: 'Deixe o meu povo ir para celebrar-me uma festa no deserto'" (Êxodo 5:1).

Quando Moisés pediu ao faraó para libertar os israelitas conforme a palavra de Deus, ele recusou imediatamente.

O faraó respondeu: "Quem é o SENHOR, para que eu lhe obedeça e deixe Israel sair? Não conheço o SENHOR, e não deixarei Israel sair" (Êxodo 5:2).

Eles insistiram: "O Deus dos hebreus veio ao nosso encontro. Agora, permite-nos caminhar três dias no deserto, para oferecer sacrifícios ao SENHOR, o nosso Deus; caso contrário, ele nos atingirá com pragas ou com a espada" (Êxodo 5:3).

Quando o faraó ouviu as palavras de Moisés e Aarão, ele acusou irracionalmente o povo de Israel de ser preguiçoso e ficar pensando em outras coisas ao invés do trabalho. Ele os perseguiu aumentando seu trabalho ainda mais. Antes, os israelitas haviam recebido material para fazer tijolos, mas agora tinham de fazer o mesmo número de tijolos, mas sem receber o material nas mãos. Já não era fácil fazer os tijolos com o material em mãos; quanto mais sem este. Podemos ver como o coração do faraó era duro. Como sua carga de trabalho ficou mais pesada, os israelitas começaram a reclamar de Moisés. Então Deus enviou Moisés ao faraó novamente para operar sinais – Ele estava dando ao faraó, que estava desobedecendo à Sua palavra, uma chance de se arrepender ao ver o Seu poder.

"Moisés e Arão dirigiram-se ao faraó e fizeram como o SENHOR tinha ordenado. Arão jogou a vara diante do faraó e seus conselheiros, e ela se transformou em serpente" (Êxodo 7:10).

Por meio de Moisés, Deus fez uma serpente a partir de uma vara a fim de testificar do Deus Vivo ao faraó, que não O conhecia.

Espiritualmente, 'serpente' refere-se a Satanás. Por que Deus fez uma vara virar serpente?

A terra onde Moisés estava e a vara pertenciam ao mundo, e este, ao inimigo. Para simbolizar esse fato, Deus fez uma serpente. Isso é para nos dizer que aqueles que não estão certos aos olhos de Deus estão sempre sendo alvo das obras de Satanás.

O faraó se levantou contra Deus e, assim, Deus não podia abençoá-lo. É por isso que Deus fez uma serpente aparecer – ela representava Satanás. Era para mostrar que obras do inimigo estavam para acontecer. As pragas seguintes como a do sangue, rãs e piolhos foram todas obras do diabo.

Logo, uma vara virar serpente é um nível onde algumas coisas pequenas acontecem, para que aquele que tem sensibilidade possa senti-las. Às vezes são vistas até como coincidências. É um estágio onde não há dano. É uma chance dada por Deus para o arrependimento.

O Faraó Chama os Magos do Egito

Ao ver a vara de Aarão virar uma serpente, o faraó chamou os sábios e magos do Egito. Eles eram mágicos do palácio e faziam muitos truques de mágica perante o rei para seu entretenimento. Haviam sido promovidos a cargos de oficiais através de sua mágica. Como isso era um tipo de coisa herdada de seus antepassados, na verdade, eles nasciam com esse tipo de temperamento.

Mesmo hoje, há mágicos que transpassam pela Grande Muralha da China ou fazem a Estátua da Liberdade desaparecer na frente de muitas pessoas. Há ainda pessoas que praticaram ioga por muito tempo e conseguem dormir em galhos finos ou ficar em baldes por muitos dias.

Algumas dessas mágicas são apenas ilusões de ótica, mas outras realmente são fruto de treinamento, para se fazer coisas incríveis. Assim, podemos imaginar como aqueles magos eram poderosos, já que vinham entretendo o rei por várias gerações! Especialmente, no caso dos magos do faraó, eles podiam se desenvolver a fim de ter contato com espíritos malignos. Alguns feiticeiros da Coreia têm contato com demônios e conseguem dançar sobre lâminas bem afiadas de cortadores de grama, sem se machucar nem um pouco. Os mágicos do faraó também tinham contato com espíritos malignos e operavam coisas inacreditáveis.

Os magos do Egito vinham treinando por um longo período e, através de truques e ilusões, eles jogaram um vara e fizeram-na virar uma serpente.

Aqueles que Não Reconhecem o Deus Vivo

Quando Moisés jogou a vara e fez uma serpente, o faraó, por um momento, pensou que havia um Deus e que o Deus de Israel é o verdadeiro Deus. Mas quando ele viu os magos fazerem uma serpente também, ele não acreditou em Deus.

As cobras feitas pelos magos foram comidas pela cobra feita da vara de Aarão, mas o faraó viu aquilo apenas como uma coincidência.

Na fé não há coincidências. No caso de um recém-convertido, que acabou de aceitar o Senhor, entretanto, pode haver várias obras de Satanás para atrapalhar sua crença em Deus. Assim, muitas pessoas veem as coisas como coincidências.

Além disso, alguns crentes que acabaram de aceitar o Senhor recebem as soluções para seus problemas com a ajuda de Deus. Inicialmente, reconhecem Seu poder, mas com o passar do tempo, pensam que foi tudo uma coincidência.

Assim como o faraó testemunhou a obra de Deus, fazendo

uma vara virar uma serpente, mas não O reconheceu, há quem não admita a existência do Deus vivo, mas considere tudo como coincidências, mesmo tendo testemunhado Suas obras.

Algumas pessoas acreditam completamente em Deus, só de testemunhar Sua obra uma vez. Outras O reconhecem inicialmente, mas depois pensam que os problemas foram resolvidos por suas próprias habilidades, conhecimento, experiência ou pela ajuda de outros, considerando a obra de Deus como uma coincidência.

Dessa forma, não há outra saída senão Deus virar as costas para essas pessoas. Consequentemente, o problema que antes havia sido resolvido volta a aparecer.

No caso de uma doença que foi curada, ela pode reaparecer e, às vezes, de forma ainda mais severa. No caso de problemas nos negócios, outros maiores podem surgir.

Quando consideramos as respostas de Deus como meras coincidências, nos distanciamos Dele. Logo, o mesmo problema pode vir de novo ou podemos nos ver em situações ainda mais complicadas.

Da mesma maneira, uma vez que o faraó considerou a obra de Deus como uma simples coincidência, ele agora começou a sofrer com pragas reais.

"Contudo, o coração do faraó se endureceu e ele não quis dar ouvidos a Moisés e a Arão, como o SENHOR tinha dito" (Êxodo 7:13).

Capítulo 3

As Pragas do Sangue, das Rãs e dos Piolhos

Êxodo 7:20-8:19

Moisés e Arão fizeram como o SENHOR tinha ordenado. Arão levantou a vara e feriu as águas do Nilo na presença do faraó e dos seus conselheiros; e toda a água do rio transformou-se em sangue (7:20).

Então o SENHOR disse a Moisés: "Diga a Arão que estenda a sua vara e fira o pó da terra, e o pó se transformará em piolhos por toda a terra do Egito." Assim fizeram e, quando Arão estendeu a mão e com a vara feriu o pó da terra, surgiram piolhos nos homens e nos animais. Todo o pó de toda a terra do Egito transformou-se em piolhos (8:5-6).

Os magos disseram ao faraó: "Isso é o dedo de Deus." Mas o coração do faraó permaneceu endurecido e ele não quis ouvi-los, conforme o SENHOR tinha dito (8:19).

Deus disse a Moisés que o coração do faraó seria endurecido e que ele não deixaria os israelitas irem embora depois de ver a vara se transformar em uma serpente. Então, Deus disse a Moisés o que fazer, detalhadamente.

"*Vá ao faraó de manhã, quando ele estiver indo às águas. Espere-o na margem do rio para encontrá-lo e leve também a vara que se transformou em serpente*" (Êxodo 7:15).

Moisés encontrou com o Faraó enquanto este estava andando perto do Nilo e entregou-lhe a palavra de Deus, segurando a vara que havia virado serpente.

"*Diga-lhe: O SENHOR, o Deus dos hebreus, mandou-me dizer-lhe: Deixe ir o meu povo, para prestar-me culto no deserto. Mas até agora você não me atendeu. Assim diz o SENHOR: Nisto você saberá que eu sou o SENHOR: com a vara que trago na mão ferirei as águas do Nilo, e elas se transformarão em sangue. Os peixes do Nilo morrerão, o rio ficará cheirando mal, e os egípcios não suportarão beber das suas águas*" (Êxodo 7:16-18).

A Praga do Sangue

A água é algo que está muito próximo de nós e diretamente relacionada às nossas vidas. Setenta por cento do corpo humano consiste de água; trata-se de algo absolutamente essencial para todos os seres vivos.

Hoje, em função do crescimento da população mundial e do desenvolvimento econômico, muitos países sofrem com falta de água. A ONU decretou o 'Dia Mundial da Água' para lembrar os países da importância dela e encorajar as pessoas a fazer um uso mais eficiente dos recursos limitados de água.

Na China antiga, eles tinham um ministro para controle de água. Vemos água em todo lugar ao nosso redor, mas às vezes nos esquecemos de sua enorme importância para nossas vidas.

Que grande problema seria se toda a água de um país se transformasse em sangue! O faraó e os egípcios se viram em uma situação assim. O Nilo havia se transformado em sangue.

Contudo, o faraó endureceu seu coração e não ouviu a palavra de Deus, pois já tinha visto seus magos fazerem água virar sangue também.

Moisés mostrou-lhe o Deus vivo, mas o faraó considerou tudo como uma mera coincidência e negou todos os fatos. Portanto, conforme sua maldade, uma praga lhe sobreveio.

Moisés e Aarão tinham feito apenas o que o SENHOR havia mandado. Aarão havia levantado a vara e ferido as águas do Nilo, que se transformaram em sangue, diante dos olhos do faraó e seus conselheiros. Os egípcios passaram a ter de cavar buracos às margens do Nilo, a fim de achar água que conseguissem beber. Essa foi a primeira praga.

O Significado Espiritual da Praga do Sangue

Qual é o significado espiritual contido na praga do sangue? Maior parte do Egito é deserto. Assim, o faraó e seu povo sofreram muito, quando as águas do Nilo foram transformadas em sangue.

Não só a água para se beber e se usar no dia-a-dia ficou imprópria para uso, mas também os peixes morreram e fizeram com que a água cheirasse mal. O desconforto era muito grande.

Tendo isso em vista, a praga do sangue espiritualmente se refere aos sofrimentos causados por coisas que são diretamente ligadas à nossa rotina. São coisas que são irritantes e dolorosas, vindas das pessoas mais próximas de nós, como membros da família, amigos e colegas.

Com relação à nossa vida cristã, essa praga pode ser algo como perseguições ou testes vindos dos nossos melhores amigos, pais, parentes ou vizinhos. Obviamente, aqueles que têm uma medida maior de fé superam essas coisas mais facilmente, mas aqueles cuja fé é pequena sofrem muito diante delas.

Provações Vindas Sobre Aqueles que Têm Maldade Dentro de Si

Falaremos agora de dois tipos de provações.

A primeira é a provação que vem, quando não vivemos pela palavra de Deus. De tal provação, se rapidamente nos arrependermos e convertermos de nossos maus caminhos, Deus nos livra. Tiago 1:13-14 diz: *"Quando alguém for tentado, jamais deverá dizer: 'Estou sendo tentado por Deus.' Pois Deus não pode ser tentado pelo mal, e a ninguém tenta. Cada um, porém, é tentado pelo próprio mau desejo, sendo por este arrastado e seduzido."*

A razão por que enfrentamos dificuldades é por sermos guiados por nossos próprios desejos e não vivermos pela palavra de Deus, dando pois abertura para o diabo trazer provações às nossas vidas.

Depois, o segundo tipo, é quando estamos tentando ser fiéis em nossa vida cristã, mas às vezes ainda enfrentamos algumas provações. Essas são obras de Satanás tentando nos atrapalhar e fazer com que abandonemos nossa fé.

Nesse caso, se cedermos, as adversidades aumentarão e não conseguiremos ser abençoados. Algumas pessoas perdem a pouca fé que tinham e voltam para o mundo.

De qualquer forma, ambos os casos são causados por causa da maldade dentro de nós. Logo, temos de identificar diligentemente as formas de maldade dentro de nós e nos despojar delas. Temos de orar com fé e dar graças e, assim, podemos superar provações e vencer.

Assim como a serpente de Moisés engoliu as serpentes dos magos, o mundo de Satanás também está sob o domínio de Deus. Na primeira vez que Deus chamou Moisés, Ele lhe deu um sinal fazendo uma vara virar serpente e depois fazendo a serpente virar vara de novo (Êxodo 4:4). Isso simboliza o fato de que mesmo que um teste venha sobre nós por obra de Satanás, se demonstrarmos nossa fé, confiando completamente em Deus, Ele faz com que tudo volte ao normal.

Do contrário, se cedermos, isso não é fé, e não poderemos experimentar as obras de Deus. Se enfrentarmos alguma provação, devemos confiar completamente em Deus e ver a Sua obra, tirando a provação da nossa vida com o Seu poder.

Tudo está sob o controle de Deus. Logo, quer grande ou pequeno, em qualquer tipo de teste, se confiarmos completamente em Deus e obedecermos à Sua palavra, a provação não nos importará. O próprio Deus resolverá o problema e nos guiará à prosperidade em tudo.

Mas o importante é que de uma praga pequena, podemos nos recuperar facilmente; o que não acontece com uma praga maior.

Portanto, temos sempre de examinar a nós mesmos com a palavra da verdade, nos despojar de toda forma de mal e viver segundo a palavra de Deus, para que não enfrentemos nenhuma praga.

Testes para Pessoas de Fé Têm o Propósito de Abençoar

Há, às vezes, casos excepcionais. Mesmo quem tem muita fé pode se deparar com testes. O apóstolo Paulo, Abraão, Daniel e seus três amigos e Jeremias sofreram testes. Até Jesus foi tentado pelo diabo três vezes.

Os testes na vida de quem tem fé são para bênção, isto é, quando a pessoa regozija, dá graças e confia completamente em Deus, eles se transformam em bênçãos e a pessoa glorifica a Deus. Assim sendo, é possível que aqueles que têm fé encontrem testes, já que eles podem ser abençoados ao superá-los. Todavia, essas pessoas jamais se depararão com uma praga. Pragas vêm sobre quem comete erros atrás de erros aos olhos de Deus.

Por exemplo, o apóstolo Paulo foi perseguido muito por causa do Senhor, mas através da perseguição ele recebeu mais poder e teve um papel crucial na evangelização do Império Romano, como o apóstolo dos gentios.

Daniel não cedeu às pressões do esquema que pessoas más, que tinham inveja dele, haviam planejado. Ele não parou de orar, mas continuou andando retamente. No fim, ele foi lançado na cova dos leões, mas não foi prejudicado de forma alguma, dando grande glória a Deus.

Jeremias lamentou e advertiu o povo com lágrimas, quando este estava pecando diante de Deus e, por fazer isso, foi espancado e aprisionado. Contudo, mesmo em uma situação em que Jerusalém foi conquistada por Nabucodonosor, da Babilônia, e muitas pessoas foram mortas e capturadas, Jeremias foi salvo e bem tratado pelo rei.

Com fé, Abraão passou no teste de oferecer o seu filho, Isaque, para que pudesse ser chamado amigo de Deus. Recebeu bênçãos físicas e espirituais tão grandes que até o rei de uma nação o recebeu com honras.

Como explicado, na maioria dos casos, as provações vêm sobre nós por causa das formas de maldade dentro de nós, mas há casos excepcionais em que homens de Deus passam por testes em sua fé. Neste caso, o resultado é bênção.

A Praga das Rãs

Mesmo depois de sete dias depois de o Nilo ter-se transformado em sangue, o faraó ainda tinha o coração endurecido. Uma vez que seus magos também fizeram água virar sangue, ele se recusou a libertar o povo de Israel.

Como rei de uma nação, o faraó tinha de se importar com o desconforto de seu povo, que sofria com a falta de água, mas ele não deu a mínima importância, seu coração era duro.

Por causa desse coração duro do faraó, o Egito foi atingido pela segunda praga.

"O Nilo ficará infestado de rãs. Elas subirão e entrarão em seu palácio, em seu quarto e até em sua

cama; estarão também nas casas dos seus conselheiros e do seu povo, dentro dos seus fornos e nas suas amassadeiras. As rãs subirão em você, em seus conselheiros e em seu povo" (Êxodo 8:3-4).

Como Deus havia dito a Moisés, quando Aarão estendeu a mão com a vara sobre as águas do Egito, um número inestimável de rãs começou a subir e cobriu toda a terra do Egito. Então, os magos fizeram o mesmo com suas ciências ocultas.

Com exceção da Antártica, há mais de 400 espécies de sapos no mundo. Seus tamanhos variam de 25 a 30 centímetros.

Algumas pessoas comem rãs, mas geralmente ficamos surpresos ou enojados quando as vemos. Os olhos das rãs são esbugalhados e elas não possuem uma cauda. Os dedos de suas patas traseiras são unidos por uma membrana e sua pele está sempre úmida. Tudo isso nos causa certo desconforto.

Não foram apenas algumas, mas inúmeras rãs cobriram todo o país. As pessoas se sentavam para comer e as rãs pulavam de um lado para o outro. Iam dormir e o mesmo acontecia. Não se podia sequer pensar em comer ou descansar bem e em paz.

O Significado Espiritual da Praga das Rãs

Então, qual é o significado espiritual contido na praga das rãs?

Em Apocalipse 16:13 vemos a expressão: *"três espíritos imundos semelhantes a rãs."* A rã é um dos animais mais detestáveis e, espiritualmente, se refere a Satanás.

As rãs indo para o palácio do rei, casas dos ministros e casas das pessoas significa que essa praga atingiu todos da mesma forma, independente de suas posições sociais.

Além disso, as rãs subindo nas camas e nos quartos significava que haveria problemas entre esposa e esposo.

Por exemplo, suponha que a esposa seja crente, mas seu esposo não é; ele está tendo um caso. Então, quando ele é pego, ele dá uma desculpa como: "é porque você agora está o tempo todo na igreja."

Se a esposa acredita em seu marido, que está culpando a igreja pelos problemas pessoais deles e está longe de Deus, então isso é um problema causado por 'Satanás no quarto.'

As pessoas enfrentam esse tipo de praga porque têm formas de maldade dentro de si. Parecem ter uma boa vida na fé, mas quando diante de testes, seus corações se abalam. Sua fé e esperança pelo céu desaparecem, juntamente com sua alegria e paz, e eles têm medo diante da realidade da situação.

Entretanto, quando as pessoas têm verdadeiramente esperança pelo céu, amor a Deus e uma fé verdadeira, elas não sofrem com dificuldades nessa terra, mas as superam e são abençoadas.

As rãs entraram nos fornos e tigelas, que se referem respectivamente ao nosso local de trabalho ou negócios e ao nosso pão diário. Isso como um todo significa que Satanás trabalha nas famílias, locais de trabalho, negócios e até no alimento diário das pessoas. Assim, todos são colocados em situações bem difíceis e estressantes.

Quando em situações assim, algumas pessoas não superam a provação, pensando: "Essas provações estão vindo por causa da minha fé em Jesus", e então voltam para o mundo. Afastam-se do caminho da salvação e vida eterna.

Contudo, se elas reconhecem o fato de que as dificuldades estão vindo sobre elas por causa de sua falta de fé e formas de maldade dentro de si, e se arrependem, as obras de Satanás vão embora e Deus as ajuda a vencer as adversidades.

Se temos fé verdadeiramente, nenhuma provação ou praga será um problema para nós. Mesmo que venhamos a enfrentar uma provação, se nos regozijarmos, ficarmos em alerta e orarmos, todos os problemas poderão ser resolvidos.

O faraó mandou chamar Moisés e Arão e disse: "Orem ao SENHOR, para que ele tire estas rãs de mim e do meu povo; então deixarei o povo ir e oferecer sacrifícios ao SENHOR" (Êxodo 8:8).

O faraó pediu a Moisés e Aarão para tirarem as rãs que infestavam o país. Através da oração de Moisés, as rãs desapareceram das casas, pátios e campos.

As pessoas as empilharam aos montes e todo o lugar começou a cheirar mal. Mas agora estavam aliviadas. Todavia, diante do alívio, o faraó mudou de ideia. Ele havia prometido libertar o povo de

Israel, se a praga das rãs parasse, mas simplesmente voltou atrás.

"Mas quando o faraó percebeu que houve alívio, obstinou-se em seu coração e não deu mais ouvidos a Moisés e a Arão, conforme o SENHOR tinha dito" (Êxodo 8:15).

'Obstinou-se em seu coração' significa que o faraó era cabeça-dura. Mesmo depois de ver uma série de obras de Deus, ele não deu ouvidos a Moisés. Como resultado, outra praga veio sobre o Egito.

A Praga dos Piolhos

Deus disse a Moisés em Êxodo 8:16: *"Diga a Arão que estenda a sua vara e fira o pó da terra, e o pó se transformará em piolhos por toda a terra do Egito."*

Quando Moisés e Aarão fizeram o que lhes foi pedido, o pó da terra se transformou em piolhos em toda a terra do Egito.

Os magos tentaram, com suas ciências ocultas, fazer a mesma coisa, mas desta vez não conseguiram. Enfim, perceberam que aquilo não podia ser feito com poder de homem nenhum e confessaram isso ao rei.

"Isso é o dedo de Deus" (Êxodo 8:19).

Até então, os magos haviam conseguido fazer coisas

semelhantes às de Aarão e Moisés, como transformar uma vara em serpentes e fazer rãs aparecerem. Contudo, isso foi tudo.

No fim, eles também tiveram de reconhecer o poder de Deus manifestado através de Moisés. Entretanto, o faraó ainda endureceu seu coração e continuou não dando ouvidos a Moisés.

O Significado Espiritual da Praga dos Piolhos

Em hebraico, o termo 'kinim' é traduzido em 'piolhos, pulgas ou mosquitos.' Esses insetos são geralmente pequenos e vivem em locais sujos. Eles grudam no corpo humano e de animais e sugam seu sangue. São usualmente encontrados no cabelo e roupas das pessoas e nos pelos de animais. Existem mais de 3.000 espécies de mosquitos.

Quando sugam o sangue de um corpo humano, o local coça e podem ocorrer infecções secundárias como febres recorrentes ou tifos.

Hoje, em cidades limpas, não achamos mosquitos facilmente, mas naquela época havia vários insetos que podem viver no corpo humano, quando não se tem higiene.

Então, o que, especificamente, é a praga dos piolhos?

O pó da terra se transformou em piolhos. 'Pó' é algo muito pequeno que pode ser soprado facilmente. Seu tamanho varia de 3-4 μm (micrometros) a 0.5 mm.

Da mesma maneira que algo quase insignificante como o pó se transforma em piolhos vivos para sugar o sangue humano e trazer adversidade e sofrimento, a praga dos piolhos simboliza os casos em que pequenas coisas, que antes eram nada, de repente se levantam e se transformam em grandes problemas, causando-nos dor e sofrimento.

Em geral, a coceira é algo que causa menos sofrimento que as dores causadas por outras doenças; mas é muito irritante. Como piolhos vivem em locais sujos, a praga dos piolhos atinge os lugares onde há alguma forma de maldade.

Por exemplo, discussões entre irmãos e irmãs ou entre esposos e esposas podem desenvolver-se em grandes brigas. Elas também podem surgir, quando se conversa sobre algo pequeno que aconteceu no passado. Isso também é a praga dos piolhos.

Quando formas de maldade como a inveja e os ciúmes crescem no coração de alguém e se transformam em ódio, uma pessoa não consegue controlar sua raiva, ou quando as 'mentirinhas' de alguém viram grandes mentiras com a tentativa de escondê-las, tudo isso são exemplos da praga dos piolhos.

Se houver alguma forma de mal latente no coração, a pessoa terá aflições e poderá achar que a vida cristã é difícil. Uma doença pouco séria pode atingi-lo. Isso também é a praga dos piolhos. Se de repente temos febre ou uma gripe, ou se temos pequenas discussões e problemas, devemos rapidamente olhar para trás e para dentro de nós com arrependimento.

Agora, o que significa o fato de os piolhos estarem nos animais? Animais são seres vivos e, naquela época, o número de animais em uma terra demonstrava a prosperidade de uma pessoa. O rei, ministros e outras pessoas tinham vinhedos e construíam castelos.

O que são nossas posses hoje? Não apenas casas, terras, negócios ou nossos locais de trabalho, mas também nossos familiares pertencem à categoria das 'posses'. Uma vez que animais são seres vivos, o termo no versículo se refere aos membros de nossa família que vivem juntos.

'Piolhos nos homens e animais' significa que, com o crescimento de pequenos problemas, não somente nós mesmos, mas também os nossos familiares acabam sofrendo.

Esses exemplos são casos em que crianças sofrem por causa das coisas erradas feitas por seus pais, ou o marido sofre por causa de erros de sua esposa.

Na Coreia, muitas criancinhas têm sofrido de dermatite atópica. Ela começa com um pouco de coceira, mas logo se espalha por todo o corpo e causa supurações vindas de erupções na pele e feridas.

Em casos mais graves, a pele da criança racha da cabeça aos pés, dando lugar a pus e sangue.

Os pais, ao verem seus filhos naquela situação, ficam de corações partidos com o fato de não poderem fazer nada por eles.

Além disso, quando os pais ficam nervosos, seus filhos pequenos às vezes aparecem com uma febre. Em muitos casos, as crianças passam mal por causa das transgressões de seus pais. Nessas situações, se os pais examinarem suas vidas e se arrependerem de não estar cumprindo seu dever corretamente, não estar em paz com os outros, ou de fazer qualquer outra coisa que não está certo aos olhos de Deus, em pouco tempo seus filhos são curados.

Podemos ver que também é o amor de Deus que permite que essas coisas aconteçam. A praga dos piolhos vem sobre nós, quando temos formas de maldade dentro de nossos corações. Portanto, não devemos considerar nem mesmo as menores coisas como coincidência, mas descobrir quais são as maldades em nós e nos arrependermos e convertermos rapidamente.

Capítulo 4

As Pragas das Moscas, das Pestes nos Animais e das Feridas Purulentas

Êxodo 8:21- 9:11

"E assim fez o SENHOR. Grandes enxames de moscas invadiram o palácio do faraó e as casas de seus conselheiros, e em todo o Egito a terra foi arruinada pelas moscas" (8:24).

"Saiba que a mão do SENHOR trará uma praga terrível sobre os rebanhos do faraó que estão nos campos: os cavalos, os jumentos, os camelos, os bois e as ovelhas. No dia seguinte o SENHOR o fez. Todos os rebanhos dos egípcios morreram, mas nenhum rebanho dos israelitas morreu" (9:3, 6).

"Eles tiraram cinza duma fornalha e se puseram diante do faraó. Moisés a espalhou pelo ar, e feridas purulentas começaram a estourar nos homens e nos animais. Nem os magos podiam manter-se diante de Moisés, porque ficaram cobertos de feridas, como os demais egípcios" (9:10-11).

Os magos egípcios reconheceram o poder de Deus ao verem a praga dos piolhos. Entretanto, o faraó continuava com o coração duro e não deu ouvidos a Moisés. O poder de Deus que tinha sido manifestado até agora era suficiente para ele crer em Deus, mas tudo que ele fez foi confiar em suas próprias forças e autoridade, considerando-se como um deus, sem nenhum temor a Deus.

As pragas continuaram, mas o faraó não se arrependeu – só endureceu ainda mais o seu coração. As pragas começaram a ficar mais sérias. Até a praga dos piolhos, todos puderam se recuperar imediatamente ao se converter de seus maus caminhos. Contudo, agora a recuperação não está ficando mais fácil assim.

A Praga das Moscas

Obedecendo à palavra de Deus, Moisés, logo cedo, foi ter com o faraó. Mais uma vez ele entregou-lhe a palavra de Deus para que o povo de Israel fosse libertado.

Depois o SENHOR disse a Moisés: "Levante-se bem cedo e apresente-se ao faraó, quando ele estiver indo às águas." Diga-lhe que assim diz o SENHOR: "Deixe o meu povo ir para que me preste culto" (Êxodo 8:20).

Todavia, o faraó não deu ouvidos a Moisés – o que desencadeou a praga das moscas, que veio não somente sobre o palácio do faraó e nas casas dos ministros, mas também sobre toda a terra do Egito. Todo o lugar ficou infestado de moscas.

Moscas são nocivas à nossa saúde, pois podem transmitir doenças como febre tifóide, cólera, tuberculose e lepra. As moscas domésticas podem procriar em qualquer lugar, até em restos mortais do corpo humano ou lixo. Elas comem qualquer coisa, quer seja comida ou qualquer outro tipo de resto. Sua digestão é rápida e sua excreção é a cada cinco minutos.

Uma vez que essas moscas têm sua tromba e patas cobertas por líquidos que carregam organismos patogênicos, diferentes tipos desses organismos podem ser deixados nos alimentos ou utensílios das pessoas e podem acabar entrando no corpo humano. Essa é uma das maiores causas das doenças contagiosas.

Hoje, temos a cura e tomamos várias medidas preventivas para as doenças transferidas por moscas – o que fez com que elas diminuíssem, mas há muito tempo atrás, quando havia um surto de alguma doença contagiosa, muitos perdiam suas vidas. Além do mais, deixando as doenças contagiosas um pouco de lado, só de sentar e comer com moscas pousando no alimento o tempo todo já torna o momento da refeição difícil e anti-higiênico.

Não foram apenas uma ou duas moscas, mas inúmeras delas cobriram todo o Egito. Como isso deve ter causado sofrimento às pessoas! Elas devem ter sentido medo só de ver o cenário ao seu redor.

Todo o Egito foi danificado pelo horrível enxame de moscas.

As Pragas das Moscas, das Pestes nos Animais e das Feridas Purulentas · 53

Isso quer dizer que a rebelião do faraó e de todos os egípcios se espalhou por toda aquela terra.

Contudo, para fazer uma distinção clara entre os israelitas e os egípcios, as moscas não atingiram a terra de Gósen, onde os israelitas estavam morando.

"Vão oferecer sacrifícios ao seu Deus, mas não saiam do país" (Êxodo 8:25).

Antes de Deus enviar a primeira praga, Ele havia mandado Moisés e Arão oferecer sacrifícios a Ele no deserto, mas o faraó pediu-lhes que o fizessem dentro da terra do Egito. Agora Moisés recusa a fazer isso e explica o porquê.

"Isso não seria sensato", respondeu Moisés; "os sacrifícios que oferecemos ao SENHOR, o nosso Deus, são um sacrilégio para os egípcios. Se oferecermos sacrifícios que lhes pareçam sacrilégio, isso não os levará a nos apedrejar?" (Êxodo 8:26)

Moisés continuou dizendo que eles iriam para o deserto e ali ficariam por três dias, conforme a ordem de Deus. O faraó respondeu pedindo que não se afastassem muito do Egito e que orassem por ele também.

Moisés disse ao faraó que as moscas desapareceriam no dia seguinte e pediu que ele fosse fiel em relação à sua palavra de deixar o povo de Israel ir.

No entanto, depois que as moscas desapareceram com a oração de Moisés, o faraó mudou de ideia e não libertou os israelitas. Com isso, podemos ver como o faraó era astuto e enganador. Também vemos por que ele teve de continuar enfrentando pragas.

O Significado Espiritual da Praga das Moscas

Assim como as moscas vêm de lugares sujos e transmitem doenças contagiosas, se o coração do homem for mau e sujo, ele falará palavras de maldade, causando-lhe várias doenças e problemas. Essa é a praga das moscas.

Essa praga, quando vem, não vem somente sobre a pessoa em questão, mas também sobre seu esposo (a) e local de trabalho.

Mateus 15:18-19 diz: *"Mas as coisas que saem da boca vêm do coração, e são essas que tornam o homem 'impuro'. Pois do coração saem os maus pensamentos, os homicídios, os adultérios, as imoralidades sexuais, os roubos, os falsos testemunhos e as calúnias."*

O coração do homem é revelado pela boca. Do coração bom saem palavras boas e do coração mau, palavras más, sujas. Se tivermos inverdade, engano, ódio ou raiva, nossas palavras e obras serão desse tipo.

Caluniar, julgar, condenar e amaldiçoar são coisas que vêm de corações maus e sujos. É por isso que Mateus 15:11 diz: *"O que*

As Pragas das Moscas, das Pestes nos Animais e das Feridas Purulentas · 55

entra pela boca não torna o homem 'impuro'; mas o que sai de sua boca, isto o torna 'impuro.'"

Mesmo incrédulos dizem coisas como: "Palavras são como sementes", ou "Não adianta chorar o leite derramado." Você não pode simplesmente cancelar o que você disse. Especialmente na vida do cristão, a confissão dos lábios é muito importante. Segundo certas palavras que você diz, sejam positivas ou negativas, os resultados virão sobre você.

Se estamos gripados ou com alguma doença contagiosa simples, isso pertence à categoria da praga dos piolhos. Assim, se nos arrependermos imediatamente, podemos nos recuperar. Contudo, na praga das moscas, ainda que nos arrependamos, não podemos nos recuperar na mesma hora. Uma vez que ela é causada por um grau de maldade maior que na praga dos piolhos, é inevitável que enfrentemos a retribuição.

Assim, se estamos diante da praga das moscas, temos de olhar para trás, nos arrependermos profundamente de nossas palavras más e coisas do tipo. Só depois que nos arrependermos é que o problema poderá começar a ser resolvido.

Na Bíblia podemos encontrar pessoas que receberam a retribuição de suas palavras más. Foi o caso de Mical, filha do rei Saul e esposa do rei Davi. Em 2 Samuel, capítulo 6, quando a Arca do Senhor Deus foi trazida de novo à cidade de Davi, Davi ficou tão feliz que dançou diante de todo mundo.

A Arca do Senhor era um símbolo da presença de Deus. Ela

havia sido tomada pelos filisteus durante o período dos juízes, mas depois foi recuperada. Não pôde ficar no tabernáculo e ficou temporariamente em Quiriate-Jearim por aproximadamente 70 anos. Depois que Davi assumiu o trono, ele conseguiu transferir a Arca para o tabernáculo em Jerusalém, e essa era a razão por que ele estava tão feliz.

Não só Davi, mas todas as tribos de Israel regozijaram-se e louvaram a Deus. Esperava-se, pois que Mical se alegrasse juntamente com seu esposo; contudo, ela o desprezou.

Voltando Davi para casa para abençoar sua família, Mical, filha de Saul, saiu ao seu encontro e lhe disse: "Como o rei de Israel se destacou hoje, tirando o manto na frente das escravas de seus servos, como um homem vulgar!" (2 Samuel 6:20)

Então, o que Davi respondeu?

Mas Davi disse a Mical: "Foi perante o SENHOR que eu dancei, perante aquele que me escolheu em lugar de seu pai ou de qualquer outro da família dele, quando me designou soberano sobre o povo do SENHOR, sobre Israel; perante o SENHOR celebrarei e me rebaixarei ainda mais, e me humilharei aos meus próprios olhos. Mas serei honrado por essas escravas que você mencionou" (2 Samuel 6:21-22).

As Pragas das Moscas, das Pestes nos Animais e das Feridas Purulentas · 57

Por causa das palavras de Mical, ela nunca teve filhos.

Semelhantemente, as pessoas cometem muitos pecados com seus lábios, mas não se dão conta de que suas palavras são pecados. Em função das iniquidades em seus lábios, o fruto de seus pecados vem sobre seus locais de trabalho, negócios e famílias; mas elas não sabem o por quê. Deus também nos fala sobre a importância das palavras.

"O mau se enreda em seu falar pecaminoso, mas o justo não cai nessas dificuldades. Do fruto de sua boca o homem se beneficia, e o trabalho de suas mãos será recompensado" (Provérbios 12:13-14).

"Do fruto de sua boca o homem desfruta coisas boas, mas o que os infiéis desejam é violência. Quem guarda a sua boca guarda a sua vida, mas quem fala demais acaba se arruinando" (Provérbios 13:2-3).

"A língua tem poder sobre a vida e sobre a morte; os que gostam de usá-la comerão do seu fruto" (Provérbios 18:21).

Devemos saber que há consequências para a palavra má que sai dos nossos lábios. Assim, devemos falar apenas palavras positivas, edificantes, de justiça, luz e confissões de fé.

A Praga das Pestes nos Animais

Mesmo depois de sofrer com a praga das moscas, o faraó continuou com o coração endurecido e recusou a libertar o povo de Israel. Então, Deus permitiu que a praga da pestilência os atingisse.

Também dessa vez, Deus enviou Moisés ao faraó antes de mandar a praga.

"Se você ainda não quiser deixá-lo ir e continuar a impedi-lo, saiba que a mão do SENHOR trará uma praga terrível sobre os rebanhos do faraó que estão nos campos: os cavalos, os jumentos, os camelos, os bois e as ovelhas. Mas o SENHOR fará distinção entre os rebanhos de Israel e os do Egito. Nenhum animal dos israelitas morrerá" (Êxodo 9:2-4).

Para fazer com que todos soubessem que o que estava acontecendo não era coincidência, mas uma praga enviada por Deus, Deus estabeleceu um tempo específico, dizendo: "Amanhã o SENHOR fará o que prometeu nesta terra." Dessa forma, Ele deu mais uma chance para que houvesse arrependimento.

Se o faraó tivesse reconhecido o poder de Deus um pouco que fosse, ele teria mudado sua maneira de pensar e não teria sofrido com mais nenhuma praga.

Contudo, ele continuava com o coração duro. Como resultado, uma peste veio sobre os animais e todos os cavalos, jumentos, camelos e rebanhos de bois e ovelhas morreram. Já os animais dos israelitas, por sua vez, continuaram todos vivos. Deus fez com que todos vissem que Deus vive e cumpre a Sua palavra. O faraó sabia muito bem disto, mas ainda assim endurecia o seu coração e não mudava a sua maneira de pensar.

O Significado Espiritual da Praga da Peste nos Animais

'Praga nos animais' é qualquer doença que se espalha rapidamente e mata um alto número de animais. Agora, todos os rebanhos do Egito haviam morrido. Dá para imaginar o tamanho do prejuízo?

Por exemplo, a Morte Negra ou Praga Bubônica, que se deu na Europa no século 14, foi uma doença epidêmica que atingiu esquilos e ratos, mas foi transmitida às pessoas através de insetos, acarretando muitas mortes, já que era muito contagiosa e a medicina não era tão desenvolvida.

Rebanhos de bois, cavalos, ovelhas e cabras eram grande parte do patrimônio das pessoas. Logo, os 'animais' aqui simbolizam as posses do faraó, ministros e das pessoas. Rebanhos são coisas vivas, e trazendo para os dias de hoje, é uma referência aos nossos familiares, colegas e amigos que estão conosco em nossa casa, trabalho e negócios.

A causa da pestilência nos animais do Egito foi a maldade

do faraó. Desta forma, o significado espiritual desta praga é que doenças vêm sobre nossos familiares, se acumulamos maldade, e Deus vira as costas para nós.

Por exemplo, quando os pais desobedecem a Deus, seus amados filhos contraem uma doença de difícil cura. Ou, por causa da maldade do marido, a esposa fica doente. Quando esse tipo de praga nos atinge, devemos não apenas olhar para trás e para dentro de nós mesmos, mas também para toda a família, para que todos se arrependam juntos.

De Êxodo 20:4 em diante, vemos que as consequências da idolatria atingem de três a quatro gerações.

Obviamente, o Deus de amor não simplesmente sai punindo as pessoas em todos os casos. Se os filhos têm um coração bom, aceitam Deus e vivem na fé, eles não enfrentarão pragas causadas pelos pecados de seus pais.

Entretanto, se os filhos acumularem maldade sobre a maldade que já haviam herdado de seus pais, eles enfrentarão as consequências dos pecados. Em muitos casos, filhos que nascem em famílias muito idólatras têm alguma deficiência ou problemas mentais.

Algumas pessoas têm amuletos pendurados nas paredes de suas casas; outras adoram a imagens de Buda e outras colocam seus nomes em templos budistas. Nesse caso sério de idolatria, ainda que as pessoas em si não sofram com alguma praga, seus filhos terão problemas no futuro.

Portanto, os pais devem sempre estar fundamentados na

verdade, para que seus pecados não passem para seus filhos. Se qualquer membro da família passa a ter uma doença de difícil cura, ela tem de se examinar e verificar se não foram pecados que a causaram.

A Praga das Feridas Purulentas

O faraó viu que os animais do Egito estavam morrendo e mandou alguém ir checar o que estava acontecendo em Gosén, onde os israelitas estavam vivendo. Diferentemente de todos os outros lugares do Egito, nenhum animal de criação havia morrido ali.

Mesmo depois de testemunhar uma inegável obra de Deus, o faraó não cedeu.

"O faraó mandou verificar e constatou que nenhum animal dos israelitas havia morrido. Mesmo assim, seu coração continuou obstinado e não deixou o povo ir" (Êxodo 9:7).

Então, Deus pediu a Moisés e Aarão que tirassem um punhado de cinzas de uma fornalha e as espalhassem no ar, diante do faraó. Eles fizeram conforme Deus havia dito e feridas purulentas passaram a surgir nos homens e animais do Egito.

Essas úlceras eram inflamações e inchaços da pele resultantes da infecção de folículos capilares do tecido adjacente com núcleos de pus.

Em casos mais sérios, a pessoa tem até de fazer cirurgia. Algumas das úlceras ultrapassam 10 cm de diâmetro. Elas incham e causam fatiga e febre alta. Algumas pessoas passam até a ter dificuldades para andar. É algo doloroso.

Essas feridas purulentas estavam nos homens e animais. Os magos não podiam ter com Moisés, pois nem eles haviam escapado.

No caso da pestilência, só os rebanhos haviam morrido, mas no caso das úlceras, tanto pessoas como animais estavam sofrendo.

O Significado Espiritual da Praga das Feridas Purulentas

A peste nos animais é algo interno, mas a ferida purulenta é algo externo e mostra que a situação no interior está séria.

Por exemplo, uma pequena célula cancerígena cresce e no fim dá para ver a olhos nus o que está acontecendo. O mesmo acontece com apoplexia ou paralisia cerebral, doenças pulmonares e a AIDS.

Essas doenças geralmente podem ser encontradas em pessoas cabeças-duras. Pode variar de caso para caso, mas muitas delas se irritam facilmente, são arrogantes, não perdoam aos outros e acham que são melhores que os outros. Elas também insistem em suas opiniões e ignoram os outros. Tudo isso é por falta de amor.

As pragas vêm por essas razões. Às vezes podemos nos perguntar: "Essa pessoa parece tão mansa e boa. Por que está com tal doença?" Contudo, embora alguém possa parecer manso por fora, às vezes por dentro não é bem assim aos olhos de Deus.

Se a pessoa em si não for cabeça-dura, então a causa está provavelmente nos grandes pecados cometidos por seus antepassados (Êxodo 20:5).

Quando uma praga vem por causa de um membro da família, ela só irá embora quando todos os membros se arrependerem juntos. Com isso, uma vez que a família fica linda e em paz, podemos dizer que a praga acabou se transformando em bênção para eles.

Deus controla a vida, a morte, a riqueza e a miséria do homem através de Sua justiça. Assim, nenhuma praga ou desastre nos atinge sem motivo (Deuteronômio 28).

É importante dizer também que quando os filhos sofrem devido aos pecados de seus pais ou antepassados, a causa fundamental está nos próprios filhos. Quando estes vivem na palavra de Deus, Ele os protege e praga nenhuma os atinge, ainda que seus pais sejam idólatras.

As consequências da idolatria dos ancestrais ou dos pais vão para os filhos, quando estes não vivem segundo a palavra de Deus. Se o fizerem, o Deus de justiça os protegerá e eles não terão nenhum problema.

Uma vez que Deus é amor, Ele considera uma alma mais

importante que todo o mundo. Ele quer que cada um de nós alcance a salvação, viva na verdade e seja vitorioso na vida.

Deus permite que pragas venham sobre nós, não para nos destruir, mas para nos levar ao arrependimento de nossos pecados e à conversão, conforme o Seu amor.

As pragas do sangue, rãs e piolhos são causadas por obras de Satanás e são relativamente fracas. Se nos arrependermos e convertermos de nossos maus caminhos, elas poderão desaparecer facilmente.

Por outro lado, a praga das moscas, da peste nos animais e das feridas purulentas é mais séria e atinge nossos corpos diretamente. Portanto, nesses casos, temos de escancarar a porta do nosso coração e nos arrependermos profundamente.

Se estivermos sofrendo com alguma dessas pragas, não devemos culpar outra pessoa, mas temos de ser sábios o suficiente para refletirmos, usando a palavra de Deus, e nos arrependermos de qualquer coisa que possamos ter feito que não estava certa aos olhos de Deus.

Capítulo 5

As Pragas do Granizo e dos Gafanhotos

Êxodo 9:23-10:20

Quando Moisés estendeu a vara para o céu, o SENHOR fez vir trovões e granizo, e raios caíam sobre a terra. Assim o SENHOR fez chover granizo sobre a terra do Egito. Caiu granizo, e raios cortavam o céu em todas as direções. Nunca houve uma tempestade de granizo como aquela em todo o Egito, desde que este se tornou uma nação (9:23-24).

Moisés estendeu a vara sobre o Egito, e o SENHOR fez soprar sobre a terra um vento oriental durante todo aquele dia e toda aquela noite. Pela manhã, o vento havia trazido os gafanhotos, os quais invadiram todo o Egito e desceram em grande número sobre toda a sua extensão. Nunca antes houve tantos gafanhotos, nem jamais haverá (10:13-14).

Pais que realmente amam a seus filhos não deixarão de discipliná-los ou bater neles. É natural que todo pai e toda mãe queiram que seus filhos façam aquilo que é certo.

Quando os filhos não ouvem a repreensão de seus pais, estes então às vezes usam a vara para que seus filhos aprendam o que precisam aprender. Contudo, a dor que os pais sentem ao bater em seus filhos é maior que a dor física que os filhos sentem.

O Deus de amor, às vezes, também vira as costas para seus amados filhos e permite que uma praga os atinja, para que eles possam se arrepender e converter de seus pecados.

A Praga do Granizo

Deus podia ter mandado uma grande praga desde o início para fazer com que o faraó Lhe obedecesse. Todavia, Ele é paciente e longânimo. Deus mostrou o Seu poder e deu a direção para que o faraó e seu povo O reconhecessem, começando com uma praga pequena.

"Porque eu já poderia ter estendido a mão, ferindo você e o seu povo com uma praga que teria eliminado você da terra. Mas eu o mantive em pé exatamente com este propósito: mostrar-lhe o meu poder e fazer que o meu nome seja proclamado em toda a terra. Contudo você ainda insiste em colocar-se contra o meu povo e não o deixa ir. Amanhã, a esta hora, enviarei a pior

tempestade de granizo que já caiu sobre o Egito, desde o dia da sua fundação até hoje" (Êxodo 9:15-18).

As pragas ficavam cada vez maiores, mas o faraó ainda se exaltava perante os israelitas, não os libertando. Agora Deus permitiu que a sétima praga, a praga do granizo, viesse. Deus fez com que o faraó soubesse que haveria uma tempestade de granizo no Egito, como ele nunca tinha visto. Ele deu chance para que o povo e os animais dos campos pudessem entrar em lugares seguros, avisando-os de antemão que se algum homem ou animal ficasse em um lugar sem proteção, morreria com o granizo.

Enquanto muitos servos do faraó não se importaram com a mensagem de Deus, alguns tinham temor à palavra do SENHOR e cuidaram para que seus servos e animais fossem refugiados e ficassem a salvo.

"Mas os que não se importaram com a palavra do SENHOR deixaram os seus escravos e os seus rebanhos no campo" (Êxodo 9:21).

No dia seguinte, Moisés estendeu sua vara para o céu e Deus enviou trovões e granizo. Fogo também caiu sobre a terra e certamente as pessoas, animais e a vegetação dos campos devem ter sido devastados. Como essa praga foi forte!

Entretanto, Êxodo 9:31-32 diz: *"O linho e a cevada foram destruídos, pois a cevada já havia amadurecido e o linho* estava em flor. Todavia, o trigo e o centeio nada sofreram, pois só amadurecem mais tarde." Desta forma, vemos que o prejuízo foi parcial.

Todas as terras do Egito foram grandemente danificadas com granizo, mas nada daquilo havia ocorrido em Gósen.

O Significado Espiritual da Praga do Granizo

Normalmente o granizo vem sem aviso e não cai sobre uma grande área, mas em locais relativamente menores.

Assim, a praga do granizo simboliza certas coisas enormes acontecendo em uma parte, mas não em todos os aspectos.

Houve granizo com fogo e pessoas e animais foram mortos. A vegetação dos campos foi danificada e o alimento estava escasso. Esse é o caso em que a saúde de uma pessoa é muito danificada por acidentes inesperados.

Quando o local de trabalho ou empresa de alguém pega fogo, a pessoa sofre um grande prejuízo. Os membros da família de alguém podem ficar seriamente enfermos ou sofrer um acidente e uma fortuna pode ser gasta com o tratamento.

Por exemplo, considere uma pessoa que era fiel ao Senhor, mas começou a concentrar-se tanto em seus negócios que passou a faltar aos cultos de domingo de vez em quando. Enfim, essa pessoa acabou não guardando o Dia do Senhor.

Em função disso, Deus não pôde protegê-la e ela então

enfrentou um grande problema em sua empresa. Ela também se viu diante de um acidente inesperado ou doença, e isso tudo lhe custou muito dinheiro. Isso é o caso da praga do granizo.

A maioria das pessoas considera sua fortuna tão preciosa como suas vidas. Em 1 Timóteo 6:10 é dito que o amor ao dinheiro é a raiz de todos os males, pois é devido a ele que há assassinatos, roubos, abduções, violência e muitos outros crimes. Às vezes o relacionamento entre irmãos é rompido e disputas começam a ocorrer entre vizinhos por causa do dinheiro. A principal razão para conflitos entre países é também relacionada a benefícios materiais, já que eles estão em busca de terra e recursos.

Mesmo alguns crentes não vencem a tentação do dinheiro, deixando de separar o dia do Senhor ou dar o dízimo. Uma vez que essas pessoas não estão tendo uma vida cristã adequada, elas acabam se distanciando da salvação.

Como o granizo destrói a maior parte dos alimentos, a praga do granizo simboliza um grande dano na riqueza das pessoas, a qual é considerada preciosa para suas vidas. Contudo, considerando que o granizo cai em áreas limitadas, elas não perdem toda a sua fortuna.

Com isso também podemos sentir o amor de Deus. Se perdermos todos os nossos bens, tudo que temos, corremos o risco de desistir da vida e cometer suicídio. É por isso que Deus toca primeiro em apenas uma parte.

Embora seja apenas uma parte, entretanto, os efeitos têm

grande magnitude e são bastante significativos – o que nos leva a algum tipo de reflexão. É importante ressaltarmos que o granizo que caiu sobre o Egito não foi de pequenos pedaços de gelo, mas de grandes; e sua velocidade também era bastante alta.

Hoje a mídia reporta que granizo do tamanho de bolas de golfe surpreende e alarma várias pessoas. O granizo do Egito foi fruto de uma obra específica de Deus e também foi acompanhado de fogo. Foi algo realmente de dar medo.

A praga do granizo veio sobre eles porque o faraó acumulava maldade sobre maldade. Se tivermos corações duros e teimosos, também podemos enfrentar essa praga.

A Praga dos Gafanhotos

As árvores e plantas foram danificadas e animais e até mesmo as pessoas morreram por causa do granizo. O faraó finalmente reconheceu sua culpa.

Então o faraó mandou chamar Moisés e Arão e disse-lhes: "Desta vez eu pequei. O SENHOR é justo; eu e o meu povo é que somos culpados" (Êxodo 9:27).

O faraó se arrependeu apressadamente e pediu a Moisés para parar com o granizo.

"Orem ao SENHOR! Os trovões de Deus e o granizo já são demais. Eu os deixarei ir; não precisam mais ficar aqui" (Êxodo 9:28).

Moisés sabia que o faraó ainda não tinha mudado sua maneira de pensar, mas a fim de fazê-lo entender sobre o Deus vivo e que o mundo todo estava em Sua mão, ele levantou suas mãos aos céus.

Como esperado por Moisés, assim que a chuva, trovões e granizo pararam, o faraó mudou sua forma de pensar. Como ele não tinha se convertido do fundo de seu coração, ele o endureceu novamente e não libertou os israelitas.

Os conselheiros do faraó também endureceram seus corações. Então Moisés e Aarão lhes disseram que haveria uma praga de gafanhotos, como Deus havia dito, e lhes alertaram dizendo que seria a maior praga já vivenciada no mundo até então.

"Eles cobrirão a face da terra até não se poder enxergar o solo" (Êxodo 10:5).

Só assim os conselheiros do faraó temeram e disseram ao rei: *"Deixa os homens irem prestar culto ao SENHOR, o Deus deles. Não percebes que o Egito está arruinado?"* (Êxodo 10:7)

Diante disso, o faraó mandou chamar Moisés e Aarão de novo e Moisés disse que levaria os jovens e os velhos; seus filhos e filhas e suas ovelhas e bois, porque iam celebrar uma festa ao

SENHOR. Contudo, o faraó disse que Moisés e Aarão tinham más intenções e os expulsou de sua presença.

Finalmente, Deus permitiu que a oitava praga, a praga dos gafanhotos, viesse.

Mas o SENHOR disse a Moisés: "Estenda a mão sobre o Egito para que os gafanhotos venham sobre a terra e devorem toda a vegetação, tudo o que foi deixado pelo granizo" (Êxodo 10:12).

Quando Moisés fez o que Deus disse, Ele soprou um vento oriental sobre todo aquele dia e noite, e quando a manhã seguinte chegou, o vento havia trazido os gafanhotos. Os gafanhotos eram tão numerosos que a terra se escureceu. Eles comeram todas as plantas do Egito que haviam sobrado da chuva de granizo e não deixaram nada verde para trás.

O faraó mandou chamar Moisés e Arão imediatamente e disse-lhes: "Pequei contra o SENHOR, o seu Deus, e contra vocês! Agora perdoem ainda esta vez o meu pecado e orem ao SENHOR, o seu Deus, para que leve esta praga mortal para longe de mim" (Êxodo 10:16-17).

Quando viu que o negócio era sério, o faraó não hesitou em chamar Moisés e Aarão novamente e pedir-lhes que parassem aquela praga.

Quando Moisés saiu e orou a Deus, um vento forte veio do oeste e levou os gafanhotos para o Mar Vermelho. Não havia mais gafanhoto na terra do Egito, mas ainda assim e mais uma vez, o faraó endureceu seu coração e não deixou que os israelitas fossem embora.

O Significado Espiritual da Praga dos Gafanhotos

Um gafanhoto isolado não passa de um pequeno inseto, mas em grandes grupos, gafanhotos são devastadores. O Egito quase foi destruído de uma vez por gafanhotos.

"Os quais invadiram todo o Egito e desceram em grande número sobre toda a sua extensão. Nunca antes houve tantos gafanhotos, nem jamais haverá. Eles cobriram toda a face da terra de tal forma que ela escureceu. Devoraram tudo o que o granizo tinha deixado: toda a vegetação e todos os frutos das árvores. Não restou nada verde nas árvores nem nas plantas do campo, em toda a terra do Egito" (Êxodo 10:14-15).

Mesmo hoje podemos encontrar enxames assim na África ou Índia. Eles podem chegar a 40 km de largura e 8 km de comprimento. Centenas de milhões de gafanhotos vêm como nuvens e comem não só plantações, mas todas as plantas e folhas de um lugar sem deixar nada para trás.

Depois da praga do granizo, ainda havia algumas coisas que tinham restado. O trigo e o centeio não haviam sido destruídos, pois amadureciam mais tarde. Além disso, alguns servos do faraó que temiam a palavra de Deus fizeram com que seus servos e rebanhos ficassem em locais seguros e eles não foram destruídos.

Pode até não parecer, mas o dano causado pelos gafanhotos foi muito maior que o causado pela praga do granizo. Eles comeram tudo que havia sobrado.

Portanto, a praga dos gafanhotos se refere aos desastres que não deixam nada para trás, levando tudo que uma pessoa possui. Tudo é arruinado: a família, local de trabalho e negócios.

Diferentemente da praga do granizo, cujo dano é parcial, a praga dos gafanhotos destrói tudo e leva todo o dinheiro da pessoa. Em outras palavras, a pessoa é completamente devastada financeiramente.

Por exemplo, com a falência de seus negócios, a pessoa perde toda a sua fortuna e acaba se separando de seus familiares. A pessoa também pode sofrer de uma doença por muito tempo e perder todo o seu dinheiro. Há também o caso em que a pessoa fica muito endividada porque seus filhos fazem alguma coisa errada ou enfrentam problemas.

Quando as pessoas enfrentam desastres contínuos, algumas podem pensar que tudo não passa de uma coincidência, mas, aos olhos de Deus, não existe coincidência. Quando alguém é prejudicado ou fica doente, tem de haver uma razão.

E quando crentes enfrentam coisas desse tipo? O que

isso quer dizer? Quando ouvem a palavra de Deus e passam a conhecer a Sua vontade, eles têm de guardar a palavra. Se eles continuarem agindo com maldade como os incrédulos, enfrentarão pragas inevitavelmente.

Se eles não se derem conta do que está acontecendo, quando Deus lhes der alguns sinais, Ele virará as costas para eles. Então, uma doença pode se desenvolver em uma pestilência, ou feridas purulentas podem surgir. Mais tarde, eles enfrentarão pragas como a do granizo ou até dos gafanhotos.

Os sábios, entretanto, entenderão que é o amor de Deus fazendo com que eles possam se dar conta de suas culpas, quando enfrentam desastres. Essas pessoas se arrependem rapidamente e não passam por pragas maiores.

Eis uma história real: uma pessoa sofria uma grande dificuldade porque havia causado a ira de Deus. Um dia, suas dívidas eram realmente muitas. Sua esposa não suportou a pressão dos credores e tentou suicídio. Em tempo, todavia, o casal veio a conhecer a Deus e começou a ir à igreja.

Depois de se aconselharem comigo, eles obedeceram à palavra de Deus com orações. Agradaram a Ele com trabalhos voluntários na igreja e seus problemas então começaram a ser resolvidos um por um. O casal não tinha de sofrer com os credores mais – eles pagaram todas as suas dívidas. Além disso, conseguiram, inclusive, construir um prédio comercial e comprar uma casa.

No entanto, depois que todas as adversidades foram

resolvidas e o casal foi abençoado, eles mudaram seus corações. Abandonaram a Deus e voltaram a ser como incrédulos novamente.

Um dia, uma parte do prédio que pertencia ao esposo desmoronou por causa de uma inundação. Depois eles enfrentaram um incêndio e perderam tudo o que tinham – financeiramente. Fazendo muitas dívidas mais uma vez, acabaram tendo de voltar para sua cidade natal no interior. O homem ainda tinha diabetes e as complicações causadas pela doença.

Como nesse caso, se não nos restou nada depois que tentamos utilizar todos os métodos com o nosso conhecimento e entendimento para obtermos vitória, temos de ir para diante de Deus com corações humildes. Assim, ao refletirmos através da palavra de Deus sobre o que temos feito, nos arrependermos de nossos pecados e nos convertermos, recuperamos aquilo que havíamos perdido.

Se tivermos a fé para irmos diante de Deus e entregar-Lhe tudo em Suas mãos, o Deus de amor que não quebra o caniço rachado nos perdoará e fará com que nos recuperemos. Se nos convertermos e vivermos na luz, Deus nos guiará à prosperidade novamente e nos dará bênçãos ainda maiores.

Capítulo 6

As Pragas das Trevas e da Morte dos Primogênitos

Êxodo 10:22-12:36

Moisés estendeu a mão para o céu, e por três dias houve densas trevas em todo o Egito. Ninguém pôde ver ninguém, nem sair do seu lugar durante três dias. Todavia, todos os israelitas tinham luz nos locais em que habitavam (10:22-23).

Então, à meia-noite, o SENHOR matou todos os primogênitos do Egito, desde o filho mais velho do faraó, herdeiro do trono, até o filho mais velho do prisioneiro que estava no calabouço, e também todas as primeiras crias do gado. No meio da noite o faraó, todos os seus conselheiros e todos os egípcios se levantaram. E houve grande pranto no Egito, pois não havia casa que não tivesse um morto (12:29-30).

Podemos ver na Bíblia que, quando enfrentam dificuldades, muitas pessoas se arrependem diante de Deus e recebem a Sua ajuda.

Deus enviou o Seu profeta ao rei Ezequias, do Reino de Judá, e disse: "Você vai morrer, não se recuperará." Entretanto, o rei orou intensamente a Deus com lágrimas e a sua vida foi prolongada.

Nínive era a capital da Assíria, que era um país hostil com Israel. Quando o povo dali ouviu a palavra de Deus através de Seu profeta, se arrependeu profundamente de seus pecados e não foi destruído.

Da mesma maneira, Deus é misericordioso com quem se converte. Ele procura por aqueles que buscam Sua graça e lhes dá mais graça.

O faraó sofreu com várias pragas devido à sua maldade, mas não se converteu. Quanto mais seu coração se endurecia, maiores eram as pragas.

A Praga das Trevas

Algumas pessoas dizem que nunca viveriam para serem perdedoras. Elas acreditam em sua própria força. O faraó era esse tipo de pessoa. Ele se considerava um deus e, por isso, ele não queria reconhecer a Deus.

Mesmo depois de ver toda a terra do Egito ser destruída, ele não libertou os israelitas. Ele estava agindo como se estivesse competindo com Deus. Assim, Deus permitiu que viesse a praga das trevas.

"Moisés estendeu a mão para o céu, e por três dias houve densas trevas em todo o Egito. Ninguém pôde ver ninguém, nem sair do seu lugar durante três dias. Todavia, todos os israelitas tinham luz nos locais em que habitavam" (Êxodo 10:22-23).

As trevas eram tão densas que ninguém podia ver ninguém. Durante três dias, ninguém se levantou e saiu de onde estava. Como podemos expressar realmente o medo e o desconforto que aquelas pessoas tiveram de enfrentar no decorrer daqueles dias?

Densas trevas cobriram todas as terras do Egito e as pessoas tinham de andar sem ver nada. Em Gosén, todavia, os filhos de Israel tinham luz em suas tendas.

O faraó mandou chamar Moisés e disse que libertaria os israelitas. Contudo, ele disse para Moisés deixar as ovelhas e os bois e levar só as mulheres e crianças. Na verdade, sua intenção era reter os israelitas.

No entanto, Moisés disse que eles precisavam dos animais para oferecer sacrifícios a Deus e não podiam deixar nenhum para trás, pois teriam de escolher quais seriam usados como holocausto a Deus.

Mais uma vez o faraó irou-se e chegou até a ameaçar Moisés, dizendo: "Saia da minha presença! Trate de nunca mais aparecer diante de mim! No dia em que vir a minha face, você morrerá!" Moisés corajosamente replicou: "Será como disseste; nunca mais verei a tua face."

O Significado Espiritual da Praga das Trevas

O significado espiritual da praga das trevas é o de trevas espirituais, e se refere à praga que vem antes da morte.

É o caso em que uma doença se agrava tanto que a pessoa não pode mais se recuperar. É o tipo de praga que vem sobre aqueles que não se arrependeram mesmo depois de haverem perdido toda a sua fortuna, que é como se fosse a sua vida.

No caso de um incrédulo, a pessoa pode enfrentar esse tipo de situação porque não aceitou Deus ainda, mesmo depois de ter passado por vários desastres na vida. No caso de crentes, é porque não guardaram a palavra de Deus, mas acumularam maldade sobre maldade.

Frequentemente vemos pessoas que gastaram fortunas com o tratamento de uma doença, mas ainda aguardam a morte. Essas pessoas estão com a praga das trevas sobre suas vidas.

Elas também sofrem problemas neuróticos como depressão, insônia e ataques de nervo. Sentem-se incapazes de dar continuidade às suas existências.

Se elas se derem conta do que está acontecendo, se

arrependerem e converterem de suas maldades, Deus terá misericórdia delas e tirará o desastre e a angústia de suas vidas.

Todavia, no caso do faraó, ele endureceu ainda mais o seu coração diante de Deus. E o mesmo acontece hoje. Algumas pessoas teimosas não vão diante de Deus independente da adversidade que estiverem passando. Ainda que elas ou seus familiares tenham alguma doença séria, percam todos os seus bens e que suas vidas estejam em perigo, elas não se arrependem diante de Deus.

Se continuamos contra Deus mesmo em meio a muitos desastres, no fim a praga da morte é enviada.

A Praga da Morte dos Primogênitos

Deus fez Moisés saber o que aconteceria em seguida no Êxodo.

Disse então o SENHOR a Moisés: "Enviarei ainda mais uma praga sobre o faraó e sobre o Egito. Somente depois dela ele os deixará sair daqui e até os expulsará totalmente. Diga ao povo, tanto aos homens como às mulheres, que peça aos seus vizinhos objetos de prata e de ouro" (Êxodo 11:1-2).

Moisés estava em uma situação em que poderia ser até morto, se fosse ter com o faraó novamente, mas ele o fez para entregar a mensagem de Deus.

"Todos os primogênitos do Egito morrerão, desde o filho mais velho do faraó, herdeiro do trono, até o filho mais velho da escrava que trabalha no moinho, e também todas as primeiras crias do gado. Haverá grande pranto em todo o Egito, como nunca houve antes nem jamais haverá" (Êxodo 11:5-6).

Então, como dito, à noite todos os primogênitos – desde o filho do faraó e seus servos até o de todo o resto do Egito – morreram, inclusive os das crias de gado. Houve grande pranto no Egito, pois não havia casa onde o primogênito não estivesse morto. Como o faraó endureceu seu coração até o fim e não se converteu, a praga da morte veio sobre eles.

O Significado Espiritual da Praga da Morte dos Primogênitos.

A praga da morte dos primogênitos se refere à situação onde a pessoa em si ou quem ela mais ama, possivelmente um filho ou familiar, morre ou vai por um caminho de destruição completa sem ser mais capaz de receber a salvação.

Podemos achar esse caso na Bíblia também. O primeiro rei

de Israel, Saul, desobedeceu à palavra de Deus que lhe dizia para destruir tudo em Amaleque. Ele, entretanto, também demonstrou arrogância ao oferecer sacrifício ao próprio Deus; algo que só os sacerdotes faziam. No fim, ele foi abandonado por Ele.

Nesse tipo de situação, ao invés de se dar conta de seus pecados e se arrepender, ele tentou matar seu servo fiel, Davi. Quando cada vez mais pessoas seguiam a Davi, Saul caía cada vez mais no pensamento maligno de que Davi se rebelaria contra ele.

Assim, até quando Davi estava tocando a harpa para Saul, este tentou jogar uma lança nele para matá-lo. Ele também enviou Davi a uma batalha que era impossível de ser ganha e ainda mandou seus soldados à sua casa para matá-lo.

Como se não bastasse, só porque ajudaram a Davi, Saul matou os sacerdotes de Deus. Ele acumulou muitas atitudes de maldade. No fim, ele perdeu uma batalha e teve uma morte miserável. Ele morreu por sua própria mão.

E o sacerdote Eli e seus filhos? Ele era sacerdote em Israel no tempo dos juízes e era tido como exemplo. Seus filhos Hofni e Fineias, no entanto, eram homens imprestáveis que não conheciam a Deus (1 Samuel 2:12).

Uma vez que seu pai era sacerdote, eles também teriam de trabalhar servindo a Deus, mas eles desprezavam a oferta de Deus. Eles tocavam na carne do sacrifício antes de ser oferecida a Deus e até deitavam-se com mulheres que serviam junto à entrada da Tenda do Encontro.

Quando os filhos vão pelo caminho errado, os pais têm de

admoestá-los e, se eles não derem ouvidos, os pais têm de tomar medidas mais sérias para dar um jeito neles. Esse é o dever e o verdadeiro amor dos pais. Contudo, o sacerdote Eli apenas disse: "Por que vocês fazem estas coisas? Não, meus filhos."

Seus filhos não se converteram de seus maus caminhos e maldições vieram sobre a família. Tanto Hofni como Fineias foram mortos em uma batalha.

Ao ouvir a notícia, Eli caiu da cadeira, quebrou o pescoço e morreu. Sua nora ficou em choque, entrou em trabalho de parto e não aguentou as dores.

Só de ver esses casos, podemos ver que maldições ou mortes trágicas não simplesmente vêm sem motivo.

Quando uma pessoa vive em desobediência à palavra de Deus, ela ou alguns de seus familiares morrem. Algumas pessoas se arrependem só depois de testemunhar a morte de alguém da família.

Se, entretanto, mesmo diante da praga da morte do primogênito, as pessoas não se converterem, nunca mais poderão ser salvas, e essa é a maior praga. Portanto, antes que qualquer praga venha, ou se já apareceram algumas, você deve se arrepender de seus pecados antes que seja tarde demais.

No caso do faraó, só depois de sofrer com todas as dez pragas é que ele reconheceu Deus com temor e deixou o povo de Israel ir embora.

> *Naquela mesma noite o faraó mandou chamar Moisés e Arão e lhes disse: "Saiam imediatamente do meio do meu povo, vocês e os israelitas! Vão prestar culto ao SENHOR, como vocês pediram. Levem os seus rebanhos, como tinham dito, e abençoem a mim também"* (Êxodo 12:31-32).

Através das Dez Pragas, o faraó revelou claramente seu coração duro e foi forçado a libertar os israelitas. Contudo, ele logo se arrependeu de tê-lo feito e mudou de ideia novamente. Reuniu todo o seu exército e carruagens do Egito e perseguiu os israelitas.

> *"Então o faraó mandou aprontar a sua carruagem e levou consigo o seu exército. Levou todos os carros de guerra do Egito, inclusive seiscentos dos melhores desses carros, cada um com um oficial no comando. O SENHOR endureceu o coração do faraó, rei do Egito, e este perseguiu os israelitas, que marchavam triunfantemente"* (Êxodo 14:6-8).

Estava bom demais para ser verdade a submissão do faraó a Deus com a morte dos primogênitos. Ele logo se arrependeu de ter libertado os israelitas. Reuniu o seu exército e os perseguiu. Diante disso, podemos ver como o coração do homem pode ser duro e enganoso. No fim, Deus não lhe perdoou e não teve outra saída senão deixá-los morrer nas águas do Mar Vermelho.

Mas o SENHOR disse a Moisés: "Estenda a mão sobre o mar para que as águas voltem sobre os egípcios, sobre os seus carros de guerra e sobre os seus cavaleiros." Moisés estendeu a mão sobre o mar, e ao raiar do dia o mar voltou ao seu lugar. Quando os egípcios estavam fugindo, foram de encontro às águas, e o SENHOR os lançou ao mar. As águas voltaram e encobriram os seus carros de guerra, os seus cavaleiros e todo o exército do faraó que havia perseguido os israelitas mar adentro. Ninguém sobreviveu (Êxodo 14:26-28).

Até hoje, pessoas más podem implorar por mais uma chance, quando se encontram em uma situação difícil. Entretanto, quando lhes for dada a chance, elas vão dar para trás e praticar sua maldade novamente. Se sua maldade seguir esse caminho, no fim elas acabarão morrendo.

Vida de Desobediência e Vida de Obediência

Tem uma coisa importante que precisamos entender claramente; é que quando erramos e vemos que erramos, não devemos continuar agindo na maldade, mas ir para o caminho da justiça.

1 Pedro 5:8-9 diz: "Estejam alertas e vigiem. O Diabo, o inimigo de vocês, anda ao redor como leão, rugindo

e procurando a quem possa devorar. Resistam-lhe, permanecendo firmes na fé, sabendo que os irmãos que vocês têm em todo o mundo estão passando pelos mesmos sofrimentos."

1 João 5:18 também diz: *"Sabemos que todo aquele que é nascido de Deus não está no pecado; aquele que nasceu de Deus, Deus o protege, e o Maligno não o atinge."*

Sendo assim, se não pecarmos, mas vivermos perfeitamente na palavra de Deus, Deus nos protegerá com Seus olhos de fogo, e nós não teremos de nos preocupar com nada.

Quando olhamos ao nosso redor, podemos ver pessoas enfrentando vários tipos de desastres, mas elas sequer entendem o motivo de estar passando por tais dificuldades. Vemos, inclusive, crentes sofrendo com adversidades.

Alguns enfrentam a praga do sangue e dos piolhos e outros a praga do granizo e dos gafanhotos. Há ainda quem enfrente a praga da morte do primogênito e até a praga de ser engolido pelas águas.

Logo, não devemos viver em desobediência como o faraó, mas em obediência, para que não enfrentemos nenhuma dessas pragas.

Ainda que estejamos em uma situação onde não conseguimos evitar a praga da morte dos primogênitos ou a praga das trevas, podemos ser perdoados se nos arrependermos e nos convertermos de nossos pecados neste exato momento.

Assim como o exército egípcio foi engolido pelas águas do

Mar Vermelho, se demorarmos mais um pouco e não nos convertermos, chegaremos a um ponto em que será tarde demais para o arrependimento.

Vida de Obediência

"Se vocês obedecerem fielmente ao SENHOR,
o seu Deus, e seguirem cuidadosamente todos
os seus mandamentos que hoje lhes dou,
o SENHOR, o seu Deus, os colocará muito acima
de todas as nações da terra.
Todas estas bênçãos virão sobre vocês e os acompanharão,
se vocês obedecerem ao SENHOR,
o seu Deus: Vocês serão abençoados na cidade
e serão abençoados no campo.
Os filhos do seu ventre serão abençoados,
como também as colheitas da sua terra
e os bezerros e os cordeiros dos seus rebanhos.
A sua cesta e a sua amassadeira serão abençoadas.
Vocês serão abençoados em tudo o que fizerem."
(Deuteronômio 28:1-6)

Capítulo 7

A Páscoa Judaica
e o Caminho da Salvação

Êxodo 12:1-28

O SENHOR disse a Moisés e a Arão, no Egito: 'Este deverá ser o primeiro mês do ano para vocês. Digam a toda a comunidade de Israel que no décimo dia deste mês todo homem deverá separar um cordeiro ou um cabrito, para a sua família, um para cada casa' (1-3). "Guardem-no até o décimo quarto dia do mês, quando toda a comunidade de Israel irá sacrificá-lo, ao pôr-do-sol. Passem, então, um pouco do sangue nas laterais e nas vigas superiores das portas das casas nas quais vocês comerão o animal. Naquela mesma noite comerão a carne assada no fogo, com ervas amargas e pão sem fermento. Não comam a carne crua, nem cozida em água, mas assada no fogo: cabeça, pernas e vísceras. Não deixem sobrar nada até pela manhã; caso isso aconteça, queimem o que restar. Ao comerem, estejam prontos para sair: cinto no lugar, sandálias nos pés e cajado na mão. Comam apressadamente. Esta é a Páscoa do SENHOR" (6-11).

Até agora, pudemos ver que o faraó e seus servos continuaram com suas vidas de desobediência à palavra de Deus.

Como consequência, pragas menores começaram a vir sobre a terra do Egito. Como eles continuaram desobedecendo, muitas doenças vieram, suas fortunas foram destruídas e, no fim, perderam suas vidas.

Por outro lado, embora morassem também na terra do Egito, o povo escolhido de Deus não foi atingido por nenhuma das pragas.

Quando Deus tirou vidas no Egito com a última praga, os israelitas não sofreram nenhuma perda, pois Ele havia feito com que conhecessem o caminho da salvação.

Isso não se aplica apenas ao povo de Israel há milhares de anos, mas é aplicável a nós nos dias de hoje, exatamente da mesma forma.

Como Evitar a Praga da Morte dos Primogênitos

Antes da praga da morte dos primogênitos, Deus falou com israelitas como evitar a praga.

"Digam a toda a comunidade de Israel que no décimo dia deste mês todo homem deverá separar um cordeiro ou um cabrito, para a sua família, um para cada casa" (Êxodo 12:3).

Começando com a praga do sangue até a praga das trevas, Deus protegeu o povo de Israel, sem que eles mesmos precisassem fazer nada. Deus os protegeu apenas com o Seu poder. Contudo, antes de a última praga vir, Deus quis um ato de obediência dos israelitas.

Tal ato era pegar um cabrito ou cordeiro e passar seu sangue nas laterais e nas vigas superiores das portas das casas onde eles comeriam o animal. Esse era o sinal que faria distinção entre o povo de Deus e o povo do Egito, quando os primogênitos fossem mortos.

Pelo fato de a última praga ter passado das casas onde havia o sangue do cordeiro, os judeus até hoje celebram esse dia como o dia da Páscoa Judaica, no qual eles foram salvos.

Hoje, a Páscoa é a maior festa dos judeus. Eles comem cordeiro, pão sem lêvedo e ervas amargas para celebrarem esse dia. Entraremos em mais detalhes no capítulo 8.

Separem um Cordeiro

Deus lhes disse para separar um cordeiro porque, espiritualmente, se refere a Jesus Cristo.

Em geral, aqueles que creem em Deus são chamados de Suas 'ovelhas.' Muitas pessoas acham que o 'cordeiro' é um 'recém-convertido', mas na Bíblia, podemos ver que o 'cordeiro' é uma referência a Jesus Cristo.

Em João 1:29, João Batista disse, apontando para Jesus: *"Vejam! É o Cordeiro de Deus, que tira o pecado do mundo!"* 1 Pedro 1:18-19 diz: *"Pois vocês sabem que não foi por meio de coisas perecíveis como prata ou ouro que vocês foram redimidos da sua maneira vazia de viver, transmitida por seus antepassados, mas pelo precioso sangue de Cristo, como de um cordeiro sem mancha e sem defeito."*

O jeito e obras de Jesus nos lembram um cordeiro manso. Mateus 12:19-20 também diz: *"Não discutirá nem gritará; ninguém ouvirá sua voz nas ruas. Não quebrará o caniço rachado, não apagará o pavio fumegante, até que leve à vitória a justiça."*

Assim como a ovelha ouve a voz de seu pastor e o segue, tudo que Jesus fez foi obedecer a Deus com um 'Sim' e um 'Amém' (Apocalipse 3:14). Ele quis cumprir a vontade de Deus até morrer na cruz (Lucas 22:42).

O cordeiro nos proporciona um pelo macio, um leite bem nutritivo e carne. Da mesma maneira, Jesus também foi oferecido como um sacrifício expiatório para nos reconciliar com Deus e derramou toda a Sua água e sangue na cruz.

Portanto, muitas partes da Bíblia comparam Jesus a um cordeiro. Quando Deus instruiu os israelitas a respeito dos costumes da Páscoa, Ele também os ensinou, detalhadamente, a partilhar o cordeiro.

"Se uma família for pequena demais para um animal

inteiro, deve dividi-lo com seu vizinho mais próximo, conforme o número de pessoas e conforme o que cada um puder comer. O animal escolhido será macho de um ano, sem defeito, e pode ser cordeiro ou cabrito" (Êxodo 12:4-5).

Se uma família fosse pobre demais, ou pequena demais para o cordeiro ou cabrito inteiro, eles deveriam partilhá-lo com a família do vizinho mais próximo. Aí podemos sentir mais uma vez o delicado amor de Deus, que é compaixão em abundância.

A razão de Deus ter falado que o animal tinha de ser macho, de um ano e sem defeito, foi porque era dentro desses requisitos que sua carne era a mais deliciosa, já que o animal não tinha acasalado ainda. Além do mais, assim como no caso do homem, é um período de juventude, de mais beleza e pureza.

Como Deus é santo e sem mancha ou culpa, Ele lhes disse para separar o cordeiro que estivesse no período mais lindo de sua vida – o cordeiro de um ano de idade.

Passem o Sangue e Não Saiam de Casa até a Manhã

Deus disse que eles tinham de separar um cordeiro para sua família, um para cada casa. Em Êxodo 12:6 vemos que não era para eles matarem o animal imediatamente, mas só depois de guardá-lo por quatro dias; e o sacrifício teria de ser feito no pôr-do-sol. Deus deu àquele povo um tempo para que pudesse se preparar com toda a sinceridade de seus corações.

Por que Deus disse que o sacrifício tinha de ser feito ao pôr-do-sol?

A cultivação humana, que começou com a desobediência de Adão, geralmente pode ser categorizada em três partes. De Adão a Abraão há aproximadamente 2.000 anos. Esse período é o estágio inicial da cultivação, a primeira parte. Se comparado a um dia, é a manhã.

Em seguida, Deus fez de Abraão, o pai da fé, e de Abraão até Jesus vir à terra. Passaram-se também aproximadamente 2.000 anos. Isso seria o dia em si.

A terceira parte começou de Jesus e vem até hoje, com aproximadamente 2.000 anos também. Estamos no final da cultivação humana e no pôr-do-sol (1 João 2:18; Judas 1:18; Hebreus 1:2; 1 Pedro 1:5; 20).

O tempo em que Jesus veio à terra e nos redimiu de nossos pecados através de Sua morte na cruz pertence à última era da cultivação humana, e é por isso que Deus disse aos israelitas para sacrificarem o cordeiro no pôr-do-sol, e não durante o dia.

Assim, era para o povo passar o sangue do cordeiro nas laterais e nas vigas superiores das portas (Êxodo 12:7). O sangue do cordeiro, espiritualmente, se refere ao sangue de Jesus Cristo. Deus disse a eles para passar o sangue nas portas, porque somos salvos pelo sangue de Jesus. Ao derramar Seu sangue na cruz, Jesus nos redimiu dos nossos pecados e salvou nossas vidas; esse é o significado espiritual por trás de tudo isso.

Uma vez que é o sangue santo que nos redime de nossos pecados, não era para os israelitas o passar no limiar da porta, onde as pessoas pisam, mas somente nas laterais e nas vigas superiores.

Jesus disse: *"Eu sou a porta; quem entra por mim será salvo. Entrará e sairá, e encontrará pastagem"* (João 10:9). Como dito, na noite da praga da morte dos primogênitos, todas as casas sem o sangue nas portas tiveram morte na família, mas as casas com o sangue ficaram livres da morte.

Entretanto, ainda que o sangue do cordeiro estivesse na porta, se eles saíssem, não poderiam ser salvos (Êxodo 12:22). Se passassem da porta para fora, isso demonstrava que eles não tinham nada a ver com a aliança de Deus e, desta forma, enfrentariam a praga da morte dos primogênitos.

Espiritualmente, 'fora das portas' simboliza trevas, as quais não têm nada a ver com Deus. É o mundo das inverdades. Da mesma maneira, hoje, mesmo que tenhamos aceitado o Senhor, não poderemos ser salvos, se O deixarmos.

Assem o Cordeiro e Não Deixem Sobrar

Por causa das mortes que houve nas famílias egípcias, havia grande pranto. A começar do faraó, que não temia a Deus nem um pouco, apesar de ter testemunhado Suas poderosas obras, o pranto invadiu o silêncio da noite.

Os israelitas, por sua vez, não saíram de casa enquanto a manhã não chegou, comendo o cordeiro segundo a palavra de Deus. Qual é a razão de eles comerem o cordeiro até tarde da noite? Há um profundo significado espiritual nisso.

Antes de Adão comer da árvore do conhecimento do bem e do mal, ele vivia sob o controle de Deus, que é luz; mas depois de desobedecer-Lhe e comer da árvore, ele se tornou servo do pecado. Por isso, todos os seus descendentes, isto é, toda a humanidade, ficou sob o domínio de Satanás, o governador das trevas. Portanto, esse mundo é de trevas, ou noite.

Assim como os israelitas tiveram de comer o cordeiro tarde da noite, nós, que estamos vivendo espiritualmente no mundo das trevas, temos de comer da carne do Filho do Homem, que é a palavra de Deus, que é Luz; e beber do Seu sangue, para que possamos ser salvos. Deus lhes ensinou detalhadamente como comer o cordeiro. Eles tinham de comê-lo com pão sem fermento e ervas amargas (Êxodo 12:8).

O lêvedo é um tipo de fungo que é usado para fazer o pão crescer; ele fermenta a comida tornando-a mais gostosa e macia. O pão sem lêvedo é menos gostoso que o pão levedado.

Uma vez que se tratava de uma situação desesperadora de vida ou morte, Deus fez com que os israelitas comessem o cordeiro com um pão menos saboroso e ervas amargas para que eles se lembrassem daquele dia.

Ademais, o lêvedo, espiritualmente, se refere aos pecados e à maldade. Portanto, 'comer o pão sem fermento' simboliza que temos de remover os pecados e a maldade de dentro de nós para recebermos a salvação.

Deus disse ao povo que assasse o cordeiro no fogo, não o comesse cru ou cozido, e que comesse sua cabeça, pernas e vísceras, sem deixar sobrar nada (Êxodo 12:9).

Aqui, 'comê-lo cru' significa interpretar a preciosa palavra de Deus literalmente.

Por exemplo, Mateus 6:6 diz: *"Mas quando você orar, vá para seu quarto, feche a porta e ore a seu Pai, que está em secreto. Então seu Pai, que vê em secreto, o recompensará."* Se interpretarmos isso literalmente, teremos de ir para o nosso quarto, fechar a porta e orar. Contudo, não achamos nenhum homem na Bíblia orando em seu quarto com a porta fechada.

Espiritualmente, 'ir para o quarto e orar' significa que não devemos ter nenhum pensamento ocioso, mas orar de todo o nosso coração.

Em nossa dieta, se comermos carne crua, podemos ter algumas infecções por parasitas ou ficar com dor de barriga. Se interpretarmos a palavra de Deus literalmente, teremos algumas más-interpretações dela que nos causarão problemas. Logo, não poderemos ter fé espiritual e, assim, nos afastaremos da salvação, ao invés de nos aproximarmos dela.

'Cozinhar o cordeiro' significa adicionar filosofia, ciência, medicina ou pensamentos humanos à palavra de Deus. Quando cozinhamos uma carne com água, seu suco sai e há uma grande perda de nutrientes. Da mesma forma, se adicionarmos conhecimento deste mundo à palavra da verdade, poderemos ter fé como conhecimento, ao invés de fé espiritual. Logo, esse caminho não nos leva à salvação.

Então, o que quer dizer 'assar o cordeiro no fogo'? Aqui, 'fogo' é o 'fogo do Espírito Santo'. Em outras palavras, a palavra de Deus foi escrita com a inspiração do Espírito Santo e, portanto, quando a ouvimos ou lemos, temos de fazê-lo também com a inspiração do Espírito Santo. Caso contrário, ela se tornará apenas mais um pouco de conhecimento, deixando de ser nosso pão espiritual.

A fim de comermos a palavra de Deus assada no fogo, devemos ter vida de orações fervorosas. A oração é como o óleo e é a fonte para que sejamos cheios do Espírito Santo. Quando lemos ou ouvimos a palavra de Deus, com a inspiração do Espírito, ela fica mais doce que o mel. Assim, sentimos que o tempo em que temos contato com ela é muito precioso e não ficamos entediados.

Se, ao ouvirmos a palavra de Deus, utilizarmos pensamentos humanos ou nossa própria experiência e conhecimento, deixaremos de entender muitas coisas.

Por exemplo, Deus nos diz: se alguém ferir outra pessoa na

face direita, ela deve oferecer-lhe também a outra. E se alguém quiser processá-la e tirar-lhe a túnica, ela deve deixar que leve também a capa. Se alguém a forçar a caminhar com ele uma milha, ela deve ir com ele duas. Além do mais, muitos acham que está certo se vingarem, mas Deus nos diz para amarmos até nossos inimigos, nos humilharmos e servirmos aos outros (Mateus 5:39-44).

É por isso que temos de quebrar todos os nossos pensamentos e interpretar a palavra de Deus somente com a inspiração do Espírito Santo. Só assim ela será nossa vida e força, para que consigamos nos despojar de inverdades e sejamos guiados ao caminho da vida eterna.

Geralmente, o gosto da carne é melhor quando a assamos e esse método de preparo é bom, inclusive, para a prevenção de infecções. Da mesma maneira, o inimigo não pode trabalhar na vida de quem lê ou ouve a palavra de Deus espiritualmente com o sentimento de que isso é mais doce que o mel.

Depois, vemos que Deus lhes disse para comerem a cabeça, as pernas e vísceras do cordeiro. Isso quer dizer que temos de conhecer todos os sessenta e seis livros da Bíblia, sem deixar de lado nenhum deles.

A Bíblia contém a origem da criação, a providência da cultivação humana e a providência da salvação que estava escondida desde antes do início dos tempos. Além disso, ela nos mostra como nos tornar verdadeiros filhos de Deus. Enfim, ela contém a vontade de Deus.

Dessa forma, 'comer a cabeça, as pernas e as vísceras' significa que nós temos de conhecer a Bíblia como um todo, desde o Livro de Gênesis até o de Apocalipse.

Não Deixem Sobrar Nada até pela Manhã, Comam-no Apressadamente

O povo de Israel comeu o cordeiro assado no fogo em suas casas e não deixou sobrar nada até que o dia amanhecesse, como vemos em *"Não deixem sobrar nada até pela manhã; caso isso aconteça, queimem o que restar."*

'Manhã' é a chegada da luz e o dissipar da escuridão. Espiritualmente, é uma referência ao momento da volta do Senhor. Depois que Ele voltar, não poderemos preparar o nosso azeite (Mateus 25:1-13) e, assim, temos de ler a palavra de Deus diligentemente e praticá-la antes que o Senhor Jesus volte.

O homem vive em média por 70 ou 80 anos e não sabemos quando nossa vida vai terminar. Logo, temos de tomar a palavra de Deus de forma diligente, a todo o tempo.

O povo de Israel tinha de sair do Egito depois da praga da morte dos primogênitos, e foi por isso que Deus lhes disse para comerem apressadamente.

"Ao comerem, estejam prontos para sair: cinto no lugar, sandálias nos pés e cajado na mão. Comam apressadamente. Esta é a Páscoa do SENHOR" (Êxodo

12:11).

Isso quer dizer que eles tinham de estar prontos – vestidos e calçados. Estar com o cinto no lugar e com as sandálias nos pés significa que eles tinham de estar completamente prontos.

Para recebermos a salvação através de Jesus Cristo nesse mundo, que é como o Egito com pragas e dores, e entrarmos no reino dos céus, que é como a Terra Prometida de Canaã, nós também temos de estar sempre despertos e prontos.

Deus também falou para eles estarem com o cajado na mão e, 'cajado' aqui, espiritualmente, simboliza a 'fé.' Quando andamos ou escalamos uma montanha, se temos um cajado, as coisas são muito mais fáceis e seguras, e nós não caímos.

O motivo de Moisés ter recebido a vara foi porque ele não tinha recebido o Espírito Santo no coração. Deus deu-lhe a vara que, espiritualmente, significa fé. Dessa forma, o povo de Israel pôde testemunhar o poder de Deus através da vara que era vista fisicamente por olhos humanos, e a obra do Êxodo do Egito pôde ser realizada.

Mesmo hoje, para entrar no reino eterno dos céus, temos de ter fé espiritual. Só podemos alcançar a salvação quando cremos no Senhor Jesus Cristo, que morreu na cruz sem pecados e ressuscitou. Só podemos alcançar a salvação completa quando praticamos a palavra de Deus comendo da carne do Senhor e bebendo o Seu sangue.

Além do mais, vivemos em tempos que nunca estiveram

tão próximos da volta do Senhor. Portanto, temos de obedecer à palavra de Deus e orar fervorosamente para que possamos sempre ser vitoriosos nas batalhas contra as forças das trevas.

"Por isso, vistam toda a armadura de Deus, para que possam resistir no dia mau e permanecer inabaláveis, depois de terem feito tudo. Assim, mantenham-se firmes, cingindo-se com o cinto da verdade, vestindo a couraça da justiça e tendo os pés calçados com a prontidão do evangelho da paz. Além disso, usem o escudo da fé, com o qual vocês poderão apagar todas as setas inflamadas do Maligno. Usem o capacete da salvação e a espada do Espírito, que é a palavra de Deus" (Efésios 6:13-17).

Capítulo 8

A Circuncisão
e a Santa Comunhão

Êxodo 12:43-51

Disse o SENHOR a Moisés e a Arão: "Estas são as leis da Páscoa: Nenhum estrangeiro poderá comê-la" (43).
Nenhum incircunciso poderá participar (48).
"A mesma lei se aplicará ao natural da terra e ao estrangeiro residente" (49).
No mesmo dia o SENHOR tirou os israelitas do Egito, organizados segundo as suas divisões (51).

A celebração do Banquete de Páscoa tem sido mantida pelo período de tempo contínuo mais longo do mundo – mais de 3.500 anos. Foi a base da criação de Israel como um país. Páscoa é חסם (Pessach) em hebraico, e como o nome diz, significa passagem através ou perdoando alguma coisa. Quer dizer que a sombra da escuridão passou das casas de Israel, cujas portas tinham o sangue do cordeiro, quando a praga da morte dos primogênitos veio sobre o Egito. Em Israel, até hoje, as pessoas limpam suas casas e tiram todo o pão fermentado de dentro delas na Páscoa. As criancinhas, com lanternas, procuram debaixo das camas ou atrás dos móveis por farelos de lanches ou pão com algum lêvedo e limpam os locais. Cada casa come de acordo com as regras da Páscoa. O cabeça da família traz o Banquete de Páscoa como lembrança e eles celebram o Êxodo.

"Por que comemos *Matzo* (pão sem fermento) nesta noite?"

"Por que comemos *Maror* (ervas amargas) nesta noite?"

"Por que comemos salsinha depois de mergulhá-la em água salgada duas vezes? Por que comemos ervas amargas *Harosheth* (Uma geleia avermelhada, simbolizando o assar de tijolos no Egito)?"

"Por que relaxamos e comemos a comida da Páscoa?"

O líder da cerimônia explica que eles tinham de comer o pão sem fermento, porque tinham de deixar o Egito às pressas. Ele também explica que as ervas amargas eram para lembrar a dor da escravidão no Egito e que mergulhar a salsinha em água salgada era para se lembrar das lágrimas que eles derramaram ali.

Mas agora, uma vez que seus pais foram libertos da escravidão, eles comem a comida e relaxam, a fim de expressar sua liberdade e alegria de poder se reclinar depois de comer. Quando o líder conta a história das dez pragas do Egito, cada membro da família coloca um pouco de vinho dentro da boca e o cospe em uma tigela separada, sempre que o nome de alguma praga é mencionado.

A Páscoa aconteceu há 3.500 anos, mas com a comida da Páscoa, até as criancinhas têm a chance de experimentar o Êxodo. Os judeus ainda observam cada orientação desse banquete que Deus estabeleceu há milhares de anos.

O poder da Diáspora, isto é, o poder de os judeus, que haviam se espalhado por todo o mundo, se juntarem novamente e reestabelecer seu país está aqui.

Requisitos para a Participação da Páscoa

Na noite em que a praga da morte dos primogênitos foi sobre o Egito, os israelitas foram salvos da morte, obedecendo à palavra de Deus. Contudo, para participar da Páscoa, havia uma condição:

> *Disse o SENHOR a Moisés e a Arão: "Estas são as leis da Páscoa: Nenhum estrangeiro poderá comê-la. O escravo comprado poderá comer da Páscoa, depois de circuncidado, mas o residente temporário e o trabalhador contratado dela não comerão. Vocês a comerão numa só casa; não levem nenhum pedaço de carne para fora da casa, nem quebrem nenhum dos ossos. Toda a comunidade de Israel terá que celebrar a Páscoa. Qualquer estrangeiro residente entre vocês que quiser celebrar a Páscoa do SENHOR terá que circuncidar todos os do sexo masculino da sua família; então poderá participar como o natural da terra. Nenhum incircunciso poderá participar. A mesma lei se aplicará ao natural da terra e ao estrangeiro residente"*
> (Êxodo 12:43-49).

Somente os circuncisos podiam comer a comida da Páscoa, pois a circuncisão é algo crucial para a vida e, espiritualmente, está relacionado com a questão da salvação.

A circuncisão é a remoção parcial ou total do prepúcio do pênis e é feita no oitavo dia depois do nascimento dos bebês de Israel.

Gênesis 17:9-10 diz: *"De sua parte, disse Deus a Abraão, guarde a minha aliança, tanto você como os seus futuros descendentes. Esta é a minha aliança com você e com os seus descendentes, aliança que terá que ser guardada: Todos os do sexo masculino entre vocês serão circuncidados na carne."* Quando Deus fez aliança com Abraão, o pai da fé, Ele pediu que Abraão fizesse o ato da circuncisão como sinal desta alinça. Aqueles que não eram circuncidados não poderia receber as bençãos.

"Terão que fazer essa marca, que será o sinal da aliança entre mim e vocês. Da sua geração em diante, todo menino de oito dias de idade entre vocês terá que ser circuncidado, tanto os nascidos em sua casa quanto os que forem comprados de estrangeiros e que não forem descendentes de vocês. Sejam nascidos em sua casa, sejam comprados, terão que ser circuncidados. Minha aliança, marcada no corpo de vocês, será uma aliança perpétua. Qualquer do sexo masculino que for incircunciso, que não tiver sido circuncidado, será eliminado do meio do seu povo; quebrou a minha aliança" (Gênesis 17:11-14).

Por que Deus lhes ordenou a serem circuncidados no oitavo dia depois do nascimento?

Assim que um bebê nasce depois de ter ficado nove meses dentro do útero de sua mãe, não é fácil para ele se adaptar às coisas novas ao seu redor, pois o ambiente agora é bem diferente. Suas células ainda estão fracas, mas depois de sete dias, ele já está mais familiarizado com tudo, embora não muito ativos ainda.

Se o prepúcio é tirado nesta época, a dor que o bebê sente é mínima e o corte se fecha rapidamente. Depois de crescido, entretanto, a pele já está mais dura e o procedimento se torna muito doloroso.

Deus fez os israelitas fazerem a circuncisão no oitavo dia depois do nascimento, para que isso ajudasse no crescimento e higiene da criança, e fosse um sinal de Sua aliança com os israelitas.

Circuncisão – Algo diretamente relacionado à vida

Êxodo 4:24-26 diz: *"Numa hospedaria ao longo do caminho, o Senhor foi ao encontro de Moisés e procurou matá-lo. Mas Zípora pegou uma pedra afiada, cortou o prepúcio de seu filho e tocou os pés de Moisés e disse: 'Você é para mim um marido de sangue!' Ela disse 'marido de sangue', referindo-se à circuncisão. Nessa ocasião o Senhor o deixou."*

Por que Deus procurou matar Moisés?

Podemos entender isso se soubermos do nascimento e crescimento de Moisés. Naquele tempo, a fim de destruir os israelitas completamente, uma ordem foi dada: matar todos os bebês hebreus do sexo masculino.

Foi então que a mãe de Moisés o escondeu. No fim, ela o colocou dentro de um cesto de junco e o pôs nas margens do

Nilo. Pela providência de Deus, ele foi visto por uma princesa egípcia e se tornou um príncipe, como filho adotivo da princesa. É por isso que ele não foi circuncidado.

Apesar de ter sido chamado de 'o líder do Êxodo', ele ainda não havia sido circuncidado. Essa é a razão pela qual um anjo de Deus procurou matá-lo. A circuncisão está diretamente ligada à vida; se alguém ainda não é circunciso, ele não tem nenhuma relação com Deus.

Hebreus 10:1 diz: *"A Lei traz apenas uma sombra dos benefícios que hão de vir, e não a sua realidade."* A Lei se refere ao Novo Testamento e 'os benefícios que hão de vir' é o Novo Testamento, a saber, as Boas Novas que vieram através de Jesus Cristo.

Sombra e imagem original são uma só coisa e elas não podem existir separadamente. Portanto, a ordem de Deus em relação à circuncisão nos tempos do Velho Testamento, que dizia que os incircuncisos seriam eliminados dentre o povo de Deus, ainda se aplica a nós hoje da mesma forma.

Hoje, contudo, diferentemente do Velho Testamento, não precisamos passar pela circuncisão física, mas a espiritual, que é a circuncisão do coração.

A Circuncisão Física e a Circuncisão do Coração

Romanos 2:28-29 diz: *"Não é judeu quem o é apenas

exteriormente, nem é circuncisão a que é meramente exterior e física. Não! Judeu é quem o é interiormente, e circuncisão é a operada no coração, pelo Espírito, e não pela Lei escrita. Para estes o louvor não provém dos homens, mas de Deus." A circuncisão física é apenas uma sombra, e a imagem original no Novo Testamento é a circuncisão do coração, sendo ela que nos proporciona a salvação.

Nos tempos do Velho Testamento, as pessoas não recebiam o Espírito Santo e não conseguiam se despojar das inverdades de seus corações. Assim, elas mostravam que pertenciam a Deus, sendo fisicamente circuncidadas. Entretanto, nos tempos do Novo Testamento, quando aceitamos Jesus Cristo, o Espírito Santo vem para o nosso coração e nos ajuda a viver pela verdade, para que confiemos em nos livrar das inverdades dentro de nós.

Nesse sentido, circuncidar o nosso coração é cumprir a ordem de Deus no Velho Testamento, de ser circuncidado no corpo, além de ser uma maneira de mantermos a Páscoa.

"Circuncidai-vos ao SENHOR, e tirai os prepúcios do vosso coração" (Jeremias 4:4).

O que significa 'tirar os prepúcios do coração'? Significa guardar toda a palavra de Deus, fazendo o que ela nos diz para fazer, não fazendo o que ela diz para não fazermos, guardando o que ela diz para guardarmos, e nos despojando do que ela diz para nos despojarmos.

Não fazemos só o que Deus diz para não fazermos como: "Não odeie, ou não julgue ou condene, não roube e não cometa adultério." Nós também nos livramos ou guardamos aquilo que Ele nos pede, como: "Livre-se de todas as formas de maldade, guarde o sábado e guarde os mandamentos de Deus."

Além disso, só fazemos aquilo que Ele nos diz para fazer, como: "Pregue o evangelho, ore, perdoe, ame, etc." Agindo assim, nos despojamos de todas as inverdades, maldade, injustiça e trevas dos nossos corações, limpando-os e enchendo-os de verdade.

A Circuncisão do Coração e a Salvação Completa

Nos tempos de Moisés, a Páscoa foi estabelecida para que os primogênitos israelitas não morressem antes do Êxodo. Logo, isso não quer dizer que uma pessoa é salva para sempre, só de participar da Páscoa.

Se fossem salvos eternamente pela Páscoa, todos os israelitas que saíram do Egito teriam entrado na terra onde emanam leite e mel, a terra de Canaã.

A realidade, todavia, foi que os adultos, com exceção de Josué e Calebe, que tinham mais de 20 anos no momento do Êxodo, não demonstraram fé ou obras de obediência. Foi uma geração que precisou ficar no deserto por 40 anos e morrer ali, sem ver a abençoada terra de Canaã.

O mesmo acontece hoje. Só de aceitar Jesus Cristo e nos tornar filhos de Deus, a salvação não está completa e garantida para sempre. Aceitar a Cristo significa apenas que fomos para dentro dos limites da salvação.

Dessa maneira, assim como os 40 anos de provações foram necessários, para que os israelitas entrassem na terra de Canaã, nós também precisamos passar por um processo, para sermos circuncidados com a palavra de Deus e recebermos a salvação permanente.

Ao aceitar Jesus Cristo como nosso Salvador pessoal, recebemos o Espírito Santo. Entretanto, 'receber o Espírito Santo' não quer dizer que o nosso coração será limpo completamente. Temos de continuar circuncidando nossos corações até alcançar a completa salvação. Só quando guardamos nossos corações, que é a fonte de vida, através de sua circuncisão, é que podemos alcançar a salvação completa.

A Importância da Circuncisão do Coração

Só quando limpamos nossos pecados e maldades com a palavra de Deus e os cortamos com a espada do Espírito Santo é que podemos nos tornar santos filhos de Deus, os quais têm uma vida livre de desastres.

Uma outra razão para circuncidarmos o nosso coração é para sermos vitoriosos nas batalhas espirituais. Embora sejam invisíveis, batalhas são constantemente travadas entre espíritos de bondade, pertencendo a Deus, e espíritos malignos. Efésios 6:12 diz: *"pois a nossa luta não é contra seres humanos, mas contra os poderes e autoridades, contra os dominadores deste mundo de trevas, contra as forças espirituais do mal nas regiões celestiais."* Para ser vitorioso nessa batalha espiritual, nós, absolutamente, temos de limpar nossos corações, pois, no mundo espiritual, o poder está na ausência do pecado. É por isso que Deus quer a circuncisão dos nossos corações e nos falou sobre sua importância tantas vezes.

"Amados, se o nosso coração não nos condenar, temos confiança diante de Deus e recebemos dele tudo o que pedirmos, porque obedecemos aos seus mandamentos e fazemos o que lhe agrada" (1 João 3:21-22).

Para que recebamos respostas em relação a problemas da vida como doenças e pobreza, temos de circuncidar nossos corações. Só quando temos corações limpos é que teremos a confiança diante de Deus e receberemos qualquer coisa que pedirmos.

A Páscoa e a Santa Comunhão

Assim sendo, só quando passamos pela circuncisão é que podemos participar da celebração da Páscoa. Ela está relacionada à Santa Comunhão de hoje. A Páscoa é um banquete onde se come carne de cordeiro e a Santa Comunhão é comer pão e beber vinho, que simbolizam respectivamente o corpo e o sangue de Jesus.

"*Jesus lhes disse: 'Eu lhes digo a verdade: Se vocês não comerem a carne do Filho do homem e não beberem o seu sangue, não terão vida em si mesmos. Todo aquele que come a minha carne e bebe o meu sangue tem a vida eterna, e eu o ressuscitarei no último dia'*" (João 6:53-54).

Aqui, o 'Filho do homem' se refere a Jesus, e a carne do Filho do homem se refere aos sessenta e seis livros da Bíblia. Comer a carne do Filho do homem significa ler ou ouvir a palavra da verdade de Deus, escrita na Bíblia.

Além disso, assim como precisamos de líquido para a digestão da comida, quando comemos a carne do Filho do homem, também precisamos beber ao mesmo tempo, para que ela possa ser bem digerida.

'Beber do sangue do Filho do homem' significa acreditar verdadeiramente e praticar a palavra de Deus. Depois de ouvir e conhecer a palavra, se não a praticarmos, nenhuma utilidade ela tem para nós.

Quando entendemos a palavra de Deus nos sessenta e seis livros da Bíblia e a praticamos, a verdade entra em nosso coração e é absorvida assim como nutrientes são absorvidos pelo corpo. Então, os pecados e a maldade se tornam como esterco e são descartados e, assim, nos tornamos pessoas cada vez mais cheias de verdade, seguindo o caminho para a vida eterna.

Por exemplo, se pegarmos o nutriente da verdade chamado 'amor' e praticá-lo, essa palavra será absorvida por nós, como um nutriente. As coisas opostas como o ódio, inveja e ciúmes serão como esterco do qual nos livraremos. Então, teremos corações perfeitos de amor.

Além disso, à medida que enchemos nossos corações de paz e justiça, discussões, brigas, dissensões, ressentimentos e injustiças desaparecem.

Requisitos para Participação da Santa Comunhão

Nos tempos do Êxodo, os circuncisos puderam participar da Páscoa e, desta maneira, conseguiram evitar a morte de seus primogênitos. Da mesma maneira, hoje, quando aceitamos Jesus Cristo como nosso Salvador e recebemos o Espírito Santo, somos selados como filhos de Deus e passamos a ter o direito de participar da Santa Comunhão.

A Páscoa foi apenas para salvar os primogênitos da morte, isto é, os israelitas ainda tiveram de marchar no deserto para a salvação completa. Da mesma maneira, mesmo que tenhamos recebido o Espírito Santo e possamos participar da Santa Comunhão, ainda precisamos passar pelo processo para recebermos a salvação eterna. Uma vez que passamos pela porta da salvação, aceitando Jesus Cristo, temos de obedecer à palavra de Deus. Temos de marchar em direção aos portões do reino dos céus e à salvação eterna.

Se cometermos pecados, não poderemos participar da Santa Comunhão, onde se come da carne e se bebe do sangue do Santo Senhor. Primeiro temos de olhar para dentro de nós mesmos, temos de nos arrepender de todos os nossos pecados e limpar os nossos corações, se quisermos participar da Santa Comunhão.

"Portanto, todo aquele que comer o pão ou beber o cálice do Senhor indignamente será culpado de pecar contra o corpo e o sangue do Senhor. Examine-se cada um a si mesmo, e então coma do pão e beba do cálice. Pois quem come e bebe sem discernir o corpo do Senhor, come e bebe para sua própria condenação" (1 Coríntios 11:27-29).

Alguns dizem que só quem é batizado nas águas é que pode participar da Santa Comunhão. Entretanto, quando aceitamos Jesus Cristo, recebemos o Espírito Santo como um dom. Todos nós temos o direito de nos tornar filhos de Deus.

Portanto, se recebemos o Espírito Santo e nos tornamos filhos de Deus, podemos participar da Santa Comunhão, contanto que nos arrependamos dos nossos pecados. Não precisamos já ter sido batizados nas águas.

Através da Santa Comunhão, lembramo-nos mais uma vez

da graça do Senhor, que foi pendurado na cruz e derramou o Seu sangue por nós. Nela, também devemos olhar para a nossa vida e aprender e praticar a palavra de Deus.

1 Coríntios 11:23-25 diz: *"Pois recebi do Senhor o que também lhes entreguei: Que o Senhor Jesus, na noite em que foi traído, tomou o pão e, tendo dado graças, partiu-o e disse: 'Isto é o meu corpo, que é dado em favor de vocês; façam isto em memória de mim.' Da mesma forma, depois da ceia ele tomou o cálice e disse: 'Este cálice é a nova aliança no meu sangue; façam isso sempre que o beberem em memória de mim.'"*

Logo, quero muito que você compreenda o verdadeiro significado da Páscoa e da Santa Comunhão, comendo da carne e bebendo do sangue do Senhor diligentemente, para que, assim, você possa se despojar de todas as formas de mal de dentro de você e circuncidar completamente o seu coração.

Capítulo 9

O Êxodo e a Festa dos Pães Asmos

Êxodo 12:15-17

"Durante sete dias comam pão sem fermento. No primeiro dia tirem de casa o fermento, porque quem comer qualquer coisa fermentada, do primeiro ao sétimo dia, será eliminado de Israel. Convoquem uma reunião santa no primeiro dia e outra no sétimo. Não façam nenhum trabalho nesses dias, exceto o da preparação da comida para todos. É só o que poderão fazer. Celebrem a festa dos pães sem fermento, porque foi nesse mesmo dia que eu tirei os exércitos de vocês do Egito. Celebrem esse dia como decreto perpétuo por todas as suas gerações".

"Que perdoemos, mas não nos esqueçamos."

Esta é uma frase escrita na entrada do Museu do Holocausto Yad Vashem, em Jerusalém. O museu é para a memória dos seis milhões de judeus que foram mortos pelos nazistas durante a 2ª Guerra Mundial, e não para repetir a mesma história.

A história de Israel é uma história de lembranças. Na Bíblia, Deus lhes fala para se lembrarem do passado, mantê-lo em mente, e guardá-lo por gerações.

Depois que os israelitas foram salvos da morte dos primogênitos através da Páscoa e saindo do Egito, Deus lhes disse para observarem a Festa dos Pães Asmos. Isso era para eles se lembrarem eternamente do dia que foram libertados da escravidão do Egito.

O Significado Espiritual do Êxodo

O dia do Êxodo não é apenas um dia em que o povo de Israel recuperou sua liberdade há milhares de anos.

O 'Egito', onde os israelitas viviam em escravidão, simboliza o 'mundo', que está sob o controle de Satanás. Assim como os israelitas foram perseguidos e maltratados enquanto eram escravos no Egito, as pessoas, quando não conhecem a Deus, sofrem com dores e opressões trazidas pelo inimigo.

Ao testemunhar as Dez Pragas que aconteceram por meio

de Moisés, os israelitas vieram a conhecer a Deus. Eles seguiram a Moisés, saindo do Egito e indo para a Terra Prometida de Canaã, que Deus havia prometido a seu ancestral, Abraão.

O mesmo acontece hoje, quando pessoas que viviam sem conhecer a Deus, aceitam a Jesus Cristo.

Os israelitas, saindo do Egito, onde eram escravos, são como as pessoas que, saindo de sua escravidão ao diabo, aceitam a Jesus Cristo e se tornam filhas de Deus.

Além do mais, a jornada dos israelitas até a Terra de Canaã, onde emanam leite e mel, não é diferente dos crentes em sua jornada de fé em direção ao reino dos céus.

A Terra de Canaã, Onde Emanam Leite e Mel

No processo do Êxodo, Deus não guiou os israelitas diretamente para Canaã. Eles tiveram de passar por uma jornada no deserto, já que havia uma forte nação chamada Filístia no caminho mais curto para a Terra Prometida.

Para passar por Filístia, eles teriam de guerrear contra os filisteus. Deus sabia que, se eles assim o fizessem, aqueles que não tinham fé iriam querer voltar para o Egito.

Da mesma forma, aquelas que acabaram de aceitar Jesus Cristo não recebem a fé verdadeira imediatamente. Assim, se eles enfrentam um teste tão grande e poderoso como a nação de Filístia, eles podem não passar e acabar abandonando a fé.

É por isso que Deus diz: *"Não sobreveio a vocês tentação que não fosse comum aos homens. E Deus é fiel; ele não permitirá que vocês sejam tentados além do que podem suportar. Mas, quando forem tentados, ele mesmo lhes providenciará um escape, para que o possam suportar"* (1 Coríntios 10:13).

Assim como os israelitas marcharam no deserto até chegarem à Terra de Canaã, mesmo depois de nos tornarmos filhos de Deus, há uma jornada de fé na nossa frente, que nos levará ao reino dos céus, a Terra de Canaã.

Apesar de o deserto ter sido algo árduo e difícil, aqueles que tinham fé não voltaram para o Egito, mas olharam para frente e enxergaram liberdade, paz e abundância em Canaã, coisas que não podiam desfrutar no Egito. E o mesmo se aplica a nós hoje.

Embora tenhamos que marchar em um caminho estreito e árduo às vezes, acreditamos na linda glória do reino celestial. Assim, não achamos a corrida da fé difícil, mas superamos tudo com a ajuda e o poder de Deus.

Enfim, o povo de Israel começou sua jornada à Terra de Canaã, onde emanam leite e mel. Deixaram para trás as terras onde haviam vivido por mais de 400 anos e começaram sua marcha de fé, sob a liderança de Moisés.

Alguns levavam o gado; outros ouro, prata e roupas que haviam recebido dos egípcios. Alguns embalavam a massa do pão asmo e outros tomavam conta das crianças e dos idosos. A grande multidão de israelitas que se apressava para partir era interminável.

"*Os israelitas foram de Ramessés até Sucote. Havia cerca de seiscentos mil homens a pé, além de mulheres e crianças. Grande multidão de estrangeiros de todo tipo seguiu com eles, além de grandes rebanhos, tanto de bois como de ovelhas e cabras. Com a massa que haviam trazido do Egito, fizeram pães sem fermento. A massa não tinha fermentado, pois eles foram expulsos do Egito e não tiveram tempo de preparar comida*" (Êxodo 12:37-39).

Nesse dia, seus corações estavam cheios de liberdade, esperança e salvação. A fim de comemorá-lo, Deus ordenou que eles passassem a celebrar a Festa dos Pães Asmos em todas as gerações que se seguissem.

A Festa dos Pães Asmos

Hoje, no cristianismo, celebramos a Páscoa no lugar da Festa dos Pães Asmos. A Páscoa é celebrada para agradecer a Deus pelo perdão dos nossos pecados através da crucificação de Jesus, e também comemorar o dia em que pudemos sair da escuridão e ir para a luz de Sua ressurreição.

A Festa dos Pães Asmos está entre as três maiores festas de Israel e comemora a saída dos israelitas do Egito pela mão de

Deus. Começando com a noite da Páscoa, eles comem pão sem fermento por sete dias.

Mesmo depois que o faraó e os egípcios foram atingidos por muitas pragas, ele não mudou sua posição. No fim, o Egito teve de sofrer a morte de seus primogênitos e o próprio faraó perdeu seu filho. O rei então rapidamente mandou chamar Moisés e Aarão e lhes disse para saírem do Egito imediatamente. Assim, eles não tiveram tempo de fermentar o pão.

Foi por isso que eles comeram pães asmos Deus também fez com que eles comessem pães asmos, para que assim eles pudessem lembrar de seus tempos de sofrimento no Egito e ser gratos por terem sido libertados da escravidão.

A Páscoa é uma festa que comemora o livramento da morte dos primogênitos. Comem-se cordeiro, ervas amargas e pães sem fermento. A Festa dos Pães Asmos celebra o fato de que os israelitas comeram pães asmos por uma semana no deserto depois de terem saído apressadamente do Egito.

Hoje, os israelenses tiram toda a semana de folga, observando a Páscoa e a Festa dos Pães Asmos.

"Não o comam com pão fermentado, mas durante sete dias comam pães sem fermento, o pão da aflição, pois foi às pressas que vocês saíram do Egito, para que todos os dias da sua vida vocês se lembrem da época em que saíram do Egito" (Deuteronômio 16:3).

O Significado Espiritual da Festa dos Pães Asmos

"Durante sete dias comam pão sem fermento. No primeiro dia tirem de casa o fermento, porque quem comer qualquer coisa fermentada, do primeiro ao sétimo dia, será eliminado de Israel" (Êxodo 12:15).

Aqui, o 'primeiro dia' se refere à salvação. Depois que os israelitas foram salvos da morte de seus primogênitos e saíram do Egito, eles tiveram de comer pão sem fermento por sete dias. Da mesma maneira, depois que aceitamos a Jesus Cristo e recebemos o Espírito Santo, temos de comer do pão sem fermento espiritual, a fim de alcançarmos a completa salvação.

Comer pão sem fermento espiritual significa abandonar o mundo e ir pelo caminho estreito. Depois que aceitamos a Jesus Cristo, temos de diminuir e andar pelo caminho apertado, a fim de alcançarmos a salvação completa com corações humildes.

Comer pão fermentado, ao invés de pão sem fermento, é ir pelo caminho largo e fácil em busca de coisas insignificantes deste mundo. Obviamente, a pessoa que vai por esse caminho, não será salva. É por isso que Deus disse que aqueles que comessem pão com fermento seriam eliminados de Israel.

Então, quais são as lições que podemos tirar da Festa dos Pães Asmos para nós hoje?

Primeiro, devemos sempre nos lembrar de agradecer a

Deus por Seu amor e pela graça da salvação que recebemos livremente com a redenção de Jesus Cristo.

Os israelitas se lembram dos tempos de escravidão no Egito comendo pães sem fermento por sete dias e dando graças a Deus por tê-los salvado. Da mesma forma, nós, crentes, que somos israelitas espirituais, devemos nos lembrar da graça e amor de Deus, que nos guiou ao caminho da vida eterna, e agradecer-Lhe tudo.

Temos de nos lembrar do dia em que nos encontramos e tivemos nossa primeira experiência com Deus e do dia em que nascemos de novo na água e no Espírito para agradecermos a Ele, lembrando-nos de Sua graça. Isso é o mesmo que observar um nível espiritual da Festa dos Pães Asmos. Aqueles que realmente são bons jamais se esquecerão de alguma graça que receberam do Senhor. Isso é um dever do homem, e essa atitude é de bondade e beleza.

Com esse bom coração, não importa quão difícil seja a nossa realidade, jamais nos esqueceremos do amor e graça de Deus, mas Lhe agradeceremos Sua graça e nos regozijaremos sempre.

Foi o caso de Habacuque, que era ativo durante o reinado do rei Josias, por volta de 600 AC.

"Mesmo não florescendo a figueira, e não havendo uvas nas videiras, mesmo falhando a safra de azeitonas, não havendo produção de alimento nas lavouras, nem ovelhas no curral nem bois nos estábulos" (Habacuque

3:17-18).

Seu país, Judá, enfrentava ameaças dos caldeus (babilônicos), e o profeta Habacuque viu a sua nação cair. Contudo, ao invés de entrar em desespero, ele ofereceu louvores de agradecimento a Deus.

Semelhantemente, independente da nossa situação ou condição de vida, já podemos ser gratos de todo o coração só pelo fato de termos sido salvos pela graça de Deus.

Segundo, não devemos deixar que a nossa vida na fé se torne um hábito, voltando para um estilo de vida seco, nem levar um vida cristã sem progressão ou mudança.

Ter uma vida cristã sem entusiasmo é não sair do lugar; é ter uma vida estagnada, sem movimentos ou mudança. Isso quer dizer que a nossa fé é morna, habitual. Demonstramo-na com formalidades, mas nossos corações não estão circuncidados.

Se somos frios, podemos receber algum castigo de Deus, para que possamos mudar e ser renovados, mas se somos mornos, nos comprometemos com o mundo e não tentamos nos despojar dos pecados. Não deixamos Deus completamente, com facilidade e com plena consciência do que estamos fazendo, pois recebemos o Espírito Santo e sabemos muito bem que existe céu e inferno.

Se virmos que estamos falhando, oremos a Deus. Os mornos, entretanto, não farão nada, nem mostrarão nenhum entusiasmo. Eles são 'esquenta-bancos.'

Diante de aflições, eles podem sentir angústia e ansiedade em seus corações, mas com o passar do tempo, até esses sentimentos desaparecem.

"Assim, porque você é morno, não é frio nem quente, estou a ponto de vomitá-lo da minha boca" (Apocalipse 3:16). Como dito, os mornos não podem ser salvos. É por isso que Deus nos faz observar diferentes festas de tempos em tempos, a fim de examinarmos a nossa fé e crescermos até alcançar a medida da maturidade da fé.

Terceiro, nós sempre temos de manter a graça do primeiro amor. Se a perdermos, temos de voltar ao ponto de onde caímos, nos arrependermos e, rapidamente recuperarmos as primeiras obras.

Qualquer pessoa que tenha aceitado o Senhor Jesus pode experimentar a graça do primeiro amor. A graça e o amor de Deus são tão grandes, que cada dia de sua vida passa a ser a alegria e a felicidade em si.

Assim como os pais esperam que seus filhos cresçam, Deus também espera que Seus filhos tenham uma fé mais firme, a fim de alcançarem medidas maiores de fé. Contudo, se perdermos a graça do primeiro amor, nosso entusiasmo e amor se esfriam. Mesmo se orarmos, o faremos apenas porque achamos que é o nosso dever.

No caminho para alcançarmos um nível de santificação

completo, se dermos lugar ao diabo, poderemos perder o primeiro amor a qualquer momento. Portanto, se perdemos a graça do primeiro e fervoroso amor, temos de achar o motivo e nos arrependermos e convertermos rapidamente.

Muitos dizem que a vida cristã é um caminho estreito e difícil de se seguir, mas Deuteronômio 30:11 diz: *"O que hoje lhes estou ordenando não é difícil fazer, nem está além do seu alcance."* Se nos dermos conta do verdadeiro amor de Deus, a jornada da vida na fé nunca será difícil, pois os sofrimentos presentes não podem ser comparados com a glória que nos será dada mais tarde. Podemos nos alegrar só de imaginar tal glória.

Portanto, como crentes que estão vivendo os últimos dias, devemos sempre obedecer à palavra de Deus e viver todo o tempo na luz. Se não tomarmos o caminho largo do mundo, mas sim o estreito da fé, poderemos entrar em Canaã, onde fluem leite e mel.

Deus nos dará a graça da salvação e a alegria do primeiro amor. Ele nos abençoará, para que realizemos a santificação completa e, enquanto marcharmos na fé, Ele permitirá que tomemos o reino dos céus pela força.

Capítulo 10

Vida de Obediência e Bênçãos

Deuteronômio 28:1-6

"Se vocês obedecerem fielmente ao SENHOR, o seu Deus, e seguirem cuidadosamente todos os seus mandamentos que hoje lhes dou, o SENHOR, o seu Deus, os colocará muito acima de todas as nações da terra. Todas estas bênçãos virão sobre vocês e os acompanharão, se vocês obedecerem ao SENHOR, o seu Deus: Vocês serão abençoados na cidade e serão abençoados no campo. Os filhos do seu ventre serão abençoados, como também as colheitas da sua terra e os bezerros e os cordeiros dos seus rebanhos. A sua cesta e a sua amassadeira serão abençoadas. Vocês serão abençoados em tudo o que fizerem".

A história do Êxodo de Israel nos dá valorosas lições. Assim como as pragas atingiram o faraó e o Egito por sua desobediência, no caminho para a Terra de Canaã o povo de Israel precisou sofrer provações e não foi próspero, porque estava agindo contra a vontade de Deus.

Eles haviam sido poupados da praga da morte dos primogênitos por meio da Páscoa, mas quando não tiveram água para beber e comida para comer, enquanto iam para Canaã, começaram a reclamar.

Fizeram um bezerro de ouro e o adoraram, e espalhavam más notícias sobre a Terra Prometida; chegaram até a ficar contra Moisés. Tudo porque não olharam para o caminho de Canaã com os olhos da fé.

Como resultado, a primeira geração do Êxodo, com exceção de Josué e Calebe, morreu toda no deserto. Só Josué e Calebe creram na promessa de Deus e Lhe obedeceram, entrando na Terra de Canaã com a segunda geração do Êxodo.

A Bênção de Entrar na Terra de Canaã

Uma vez que a primeira geração do Êxodo era parte de gerações que haviam nascido e crescido dentro de uma cultura gentia do Egito por 400 anos, eles haviam perdido muito de sua fé em Deus. Além disso, uma boa quantidade de maldade havia sido plantada em seus corações, enquanto sofriam e eram perseguidos.

Os israelitas da segunda geração do Êxodo, todavia, aprenderam a palavra de Deus desde pequenos. Como haviam testemunhado poderosas obras de Deus, eram bem diferentes da geração de seus pais.

Eles entenderam por que a geração de seus pais não pôde entrar na Terra de Canaã e ficou no deserto por 40 anos. Estavam completamente prontos para obedecerem a Deus e a seu líder com uma fé verdadeira.

Diferente da geração de seus pais que reclamou continuamente, mesmo depois de testemunhar inúmeras obras de Deus, eles se comprometeram em obedecer-Lhe completamente, confessando que acatariam tudo o que Josué, sucessor de Moisés, segundo a vontade de Deus, disse:

> "*Assim como obedecemos totalmente a Moisés, também obedeceremos a você. Somente que o SENHOR, o seu Deus, seja com você, como foi com Moisés. Todo aquele que se rebelar contra as suas instruções e não obedecer às suas ordens, seja o que for que você lhe ordenar, será morto. Somente seja forte e corajoso!*"
> (Josué 1:17-18)

Os 40 anos no deserto, nos quais os israelitas perambularam, não foram somente um período de punição. Foram um tempo de treinamento espiritual para a segunda geração do Êxodo, que entraria na terra de Canaã.

Antes de Deus nos abençoar, Ele permite que passemos por vários tipos de treinamento espiritual, para que a nossa fé possa ser espiritual. Isso porque, sem fé, não podemos receber a salvação e nem entrar no reino dos céus.

Se Deus nos abençoar antes de termos uma fé espiritual, é bem provável que a maioria de nós volte para o mundo. Assim, Deus nos mostra as maravilhosas obras de Seu poder e, às vezes, permite que passemos por provas de fogo, para que nossa fé possa crescer.

A primeira prova de obediência que a segunda geração enfrentou foi no Rio Jordão. O rio Jordão passava entre as planícies de Moabe e a Terra de Canaã e, naquela época, sua correnteza era forte e geralmente engolia suas margens.

Aqui, o que Deus disse? Ele disse aos sacerdotes levitas para carregarem a Arca da Aliança e, marchando, darem o primeiro, passo liderando o povo em direção ao rio. Assim que o povo ouviu a vontade de Deus através de Josué, eles marcharam em direção ao Jordão sem hesitar, com os sacerdotes levitas na frente.

Uma vez que eles criam no Deus onisciente e onipotente, eles puderam obedecer sem dúvidas ou murmurações. Enfim, quando os pés dos sacerdotes levitas que carregavam a Arca tocaram na água da margem do rio, sua correnteza foi represada e eles atravessaram o rio em terra seca.

Além do mais, os israelitas ainda destruíram a cidade de

Jericó, que era tida como uma fortaleza indestrutível. Diferente de hoje, como eles não tinham armas de fogo, era praticamente impossível destruir muros tão fortes de duas camadas. Mesmo com toda a sua força, destruir os muros de Jericó seria algo tremendamente difícil. Contudo, Deus lhes falou que simplesmente marchassem ao redor da cidade, por seis dias e, no sétimo, levantassem cedo e marchassem ao seu redor sete vezes e gritassem em alta voz.

Em uma situação em que as forças do inimigo faziam guarda no topo dos muros, a segunda geração do Êxodo começou a marchar ao redor dos muros da cidade sem hesitação.

O inimigo podia ter atirado inúmeras flechas, ou ter produzido um ataque em massa contra eles. Ainda assim, em circunstâncias tão perigosas, eles obedeceram à palavra de Deus e marcharam ao redor da cidade. Muros tão fortes caíram, quando o povo de Israel obedeceu à palavra de Deus.

Recebendo Bênçãos através da Obediência

A obediência pode transcender qualquer tipo de circunstância; é o meio para trazer o poder de Deus. Partindo de uma perspectiva humana, podemos achar impossível obedecer a certas coisas, mas aos olhos de Deus, não há nada que não possamos obedecer, e Ele é Soberano.

Para ter esse tipo de obediência, assim como temos de assar o cordeiro no fogo, temos de ouvir e entender a palavra de Deus pela completa inspiração do Espírito Santo.

Assim como o povo de Israel tem observado a Páscoa e a Festa dos Pães Asmos durante gerações, temos sempre de nos lembrar da palavra de Deus e mantê-la em mente. Em outras palavras, temos de circuncidar nossos corações, continuamente, com a palavra de Deus e nos despojarmos dos pecados e maldade, com gratidão pela graça da salvação.

Só então receberemos a verdadeira fé, que é necessária, para que demonstremos obras de obediência perfeitas.

Poderá haver coisas que não conseguiremos obedecer, se pensarmos com teorias, conhecimento, ou com o senso comum do ser humano. Contudo, a vontade de Deus para nós é sempre obedecer, ainda que nos pareça estranho. Quando mostramos uma obediência assim, Deus nos mostra grandes obras e maravilhosas bênçãos.

Na Bíblia, muitas pessoas receberam bênçãos incríveis por causa de sua obediência. Daniel e José foram abençoados por causa de sua firme fé em Deus e, mesmo diante da morte, guardaram a palavra de Deus. Além disso, através da vida de Abraão, o Pai da Fé, podemos ver como Deus se alegra com aqueles que Lhe obedecem.

As Bênçãos de Deus sobre Abraão

Então o SENHOR disse a Abrão: "Saia da sua terra,

do meio dos seus parentes e da casa de seu pai, e vá para a terra que eu lhe mostrarei. Farei de você um grande povo, e o abençoarei. Tornarei famoso o seu nome, e você será uma bênção" (Gênesis 12:1-2).

Naquela época, Abraão tinha 75 anos de idade. Definitivamente não era mais jovem. Sair de sua terra e do meio de seus parentes não era algo fácil para ele, pois ele não tinha nenhum filho para ser seu herdeiro.

Deus não lhe disse para onde ir, apenas ordenou que saísse de sua terra. Se o pensamento humano fosse utilizado, isso teria sido algo bem difícil de ele obedecer. Ele tinha de deixar tudo que havia acumulado para trás e ir para um lugar completamente estrangeiro.

Não é fácil deixar tudo que nós temos para trás e ir para um lugar novo, mesmo que tenhamos alguma certeza sobre o nosso futuro. Quantas pessoas conseguem realmente deixar tudo que têm para trás, sem um futuro claro? Abraão conseguiu?

Não houve nenhuma outra ocasião em que a obediência de Abraão tenha brilhado tanto como nessa. Ainda por cima, para receber a obediência de Abraão de forma ainda mais perfeita, Deus ainda permitiu que ele fosse testado.

Deus lhe ordenou que oferecesse o seu único filho, Isaque, como sacrifício. Isaque era muito precioso para Abraão, mais do que ele mesmo; mas ainda assim, ele obedeceu a Deus sem hesitar.

Depois que Deus falou com Abraão, vemos em Gênesis 22:3 que no dia seguinte, ele se levantou cedo, preparou tudo para oferecer o sacrifício e foi para onde Deus tinha dito para ir. O nível de obediência aí foi maior que quando ele saiu de sua terra, pois nesta ocasião, ele apenas obedeceu, sem realmente conhecer a vontade de Deus. No entanto, quando Deus lhe disse para oferecer seu filho Isaque como oferta queimada, Abraão, entendendo o Seu coração, obedeceu à Sua vontade. Em Hebreus 11:17-19 está registrado como ele acreditou mesmo que o seu filho fosse oferecido como sacrifício, e que Deus o ressuscitaria, pois ele era a semente da promessa de Deus.

Deus agradou grandemente da fé de Abraão e Ele mesmo preparou o sacrifício. Depois que Abraão passou em sua prova, Deus o considerou como Seu amigo e o abençoou abundantemente.

Até hoje a água é escassa em Israel e seus arredores. Naquela época, em Canaã, ela era ainda mais escassa. Entretanto, onde quer que Abraão fosse, havia abundância de água. Até seu sobrinho, Ló, que estava ficando com ele, foi abençoado.

Abraão tinha muitos animais e muito ouro e prata. Ele era muito rico. Quando Ló foi capturado, Abraão tomou 318 homens de sua casa e o resgatou. Só com isso já vemos como ele era rico.

Abraão obedecia à palavra de Deus. Sua terra, seus arredores e aqueles que estavam ao seu redor também foram abençoados.

Através de Abraão, seu filho Isaque também foi abençoado e seus descendentes foram tantos que formaram uma nação. Além do mais, Deus lhe disse que abençoaria a quem quer que ele abençoasse e amaldiçoaria aquele que o amaldiçoasse. Ele era tão respeitado que até os reis das nações vizinhas lhe pagavam tributos.

Abraão recebeu todos os tipos de bênçãos que alguém pode receber na terra, incluindo a riqueza, a fama, a autoridade, a saúde e os filhos. Assim como está escrito no capítulo 28 de Deuteronômio, ele recebeu bênçãos em sua entrada e em sua saída.

Ele se tornou fonte de bênçãos e o pai da fé. Além disso, ele pôde entender profundamente o coração de Deus e Deus podia compartilhar o Seu coração com Ele, como Seu amigo. Como essa bênção é gloriosa!

Uma vez que Deus é amor, Ele quer que todos se tornem como Abraão e alcancem posições abençoadas e gloriosas. É por isso que ele registrou a vida de Abraão em detalhes. Qualquer que seguir o seu exemplo e obedecer à palavra de Deus poderá receber as mesmas bênçãos que Abraão recebeu em sua entrada e em sua saída.

O Amor e a Justiça de Deus, que Quer nos Abençoar

Até agora, olhamos para as Dez Pragas do Egito e para a Páscoa, que foi o caminho da salvação para os israelitas. Com isso podemos entender por que enfrentamos desastres, como podemos evitá-los e como podemos ser salvos.

Se estamos sofrendo com problemas ou doenças, temos de entender que a causa está nas nossas maldades. Então, temos de olhar para trás e para dentro de nós, temos de nos arrepender e nos livrar de todas as formas de maldade, o quanto antes possível. Através de Abraão, podemos entender também que Deus abençoa aqueles que Lhe obedecem de forma maravilhosa e inimaginável.

Todos os desastres têm causas e as consequências vão diferenciar, dependendo do quanto nos dermos conta dos motivos, nos convertermos do pecado e da maldade e nos transformarmos. Algumas pessoas vão só pagar a pena de seus erros, enquanto outras acharão trevas ou maldade em seus corações através do sofrimento e farão dele uma chance de mudar de vida.

Em Deuteronômio, capítulo 28, podemos ver as comparações das bênçãos e maldições que vêm sobre nós, quando obedecemos ou desobedecemos à palavra de Deus respectivamente.

Deus quer nos abençoar, mas como Ele disse em Deuteronômio 11:26: *"Prestem atenção! Hoje estou pondo diante de vocês a bênção e a maldição."* A escolha é nossa. Se plantamos feijão, colhemos feijão. Da mesma forma, sofremos desastres trazidos por Satanás como resultado de nossos pecados. Nesse caso, Deus tem de permitir os desastres, segundo a Sua justiça.

Os pais querem que seus filhos sejam bem de vida e dizem:

"Estudem bastante", "Vivam uma vida justa", "Obedeçam a todas as leis de trânsito." Com esse mesmo tipo de coração, Deus nos deu Seus mandamentos e quer que obedeçamos a eles. Os pais nunca querem que seus filhos lhes desobedeçam e caiam em caminhos de infelicidade e destruição. Semelhantemente, nunca é da vontade de Deus que soframos.

Sendo assim, oro, em nome do Senhor Jesus Cristo, para que você entenda que a vontade de Deus para Seus filhos não é o desastre, mas a bênção; e para que, através de uma vida de obediência, você possa ser abençoado em sua entrada e em sua saída, e que tudo vá bem com você.

O Autor:
Dr. Jaerock Lee

Dr. Jaerock Lee nasceu em Muan, Província Jeolla Sul, República da Coréia do Sul, em 1943. Aos vinte anos, Dr. Lee sofria de várias doenças incuráveis. Por sete anos seguidos esperou a morte sem esperança de recuperação. Um dia, durante a primavera de 1974, foi levado por sua irmã a uma Igreja e, quando se ajoelhou para orar, o Deus vivo imediatamente o curou de todas as enfermidades.

No momento em que Dr. Lee conheceu o Deus vivo através daquela incrível experiência, ele amou a Deus com todo o seu coração e sinceridade e, em 1978, foi chamado para ser servo de Deus. Ele orava tão fervorosamente que podia entender claramente a vontade de Deus e cumpri-la totalmente. Ele obedeceu à Palavra de Deus. Em 1982, fundou a Igreja Manmin Joong-ang, em Seul, Coréia do Sul. Inúmeras obras, incluindo curas milagrosas e maravilhas, tomaram lugar naquela Igreja.

Em 1986, Dr. Lee foi consagrado pastor na Assembléia Anual da Igreja Sungkyul e, quatro anos depois, em 1990, seus sermões foram transmitidos para Austrália, Estados Unidos, Rússia, Filipinas e muitos outros locais ao longo da Companhia de Transmissão do Extremo Oriente, a Estação de Transmissão Asiática e o Sistema de Rádio Cristão de Washington.

Três anos depois, em 1993, a Igreja Central Manmin Joong-ang foi escolhida uma das "Cinqüenta maiores Igrejas do Mundo" pela revista *Christian World* e o Dr. Lee recebeu o Doutorado Honorário em Divindade pela Escola da Fé Cristã, na Flórida, Estados Unidos. Em 1996, tornou-se P.H.D em Ministério pelo Seminário Teológico de Kingsway, em Iowa, nos Estados Unidos.

Desde 1993 Dr. Lee tem liderado a evangelização mundial através de muitas cruzadas internacionais na Tanzânia, Argentina, Los Angeles, Baltimore City, Havaí, Nova Iorque, Uganda, Japão, Paquistão, Quênia, Filipinas, Honduras, Índia, Rússia, Alemanha, Peru, República Democrática do Congo, Israel, e Estônia.

Em 2002, foi chamado de "pastor internacional" pelos maiores jornais cristãos da Coréia, por seu trabalho nessas cruzadas. Em especial, sua 'Cruzada de Nova Iorque 2006' realizada na Madison Square Garden, arena mais famosa do mundo, foi transmitida a 220 nações; e em sua 'Cruzada Unida de Israel 2009' realizada no Centro Internacional de Convenções em Jerusalém, ele proclamou corajosamente que Jesus Cristo é o Messias e o Salvador. Seu sermão é transmitido a 176 nações via satélites incluindo a GCN TV, e ele foi listado como um dos 10 Líderes Cristãos Mais Influentes de 2009 e 2010 pela popular revista russa *In Victory* e pelo *Christian Telegraph* por seu poderoso ministério de transmissão televisiva e de pastoreamento internacional.

Conforme dados de novembro de 2015, a Igreja Central Manmin tem uma congregação de mais de 120.000 membros. São 10.000 congregações e 56 congregações domésticas espalhadas pelo país e pelo mundo. Até hoje, mais de 103 missionários já foram enviados a 23 países, incluindo os Estados Unidos, Rússia, Alemanha, Canadá, Japão, China, França, Índia, Quênia e muitos outros.

Até hoje, Dr. Lee já escreveu 100 livros, incluindo os Best Sellers *Experimentando a Vida Eterna antes da Morte; Minha Fé Minha Vida I & II; A Mensagem da Cruz; A Medida da Fé; Céu I & II; Inferno* e *O Poder de Deus*. Suas obras foram traduzidas para mais de 76 línguas.

Suas colunas cristãs estão nos jornais *The Hankook Ilbo, The JoongAng Daily, The Dong-A Ilbo, The Chosun Ilbo, The Munhwa Ilbo, The Seoul Shinmun, The Kyunghyang Shinmun, The Korea Economic Daily, The Korea Herald, The Shisa News,* e *The Christian Press*.

O Dr. Lee é atualmente líder de várias organizações missionárias e associações: diretor na The United Holiness Church of Jesus Christ, Presidente Vitalício da Assosição Missão Mundial de Avivamento do Cristianismo; Presidente e Fundador da Rede Global Cristã (GCN), Fundador e Membro da Diretoria da Rede Mundial de Médicos Cristãos (WCDN); e Fundador e Membro da Diretoria do Seminário Internacional de Manmin (MIS).

Outras obras poderosas do autor

Céu I & II

Um esboço detalhado dos ambientes maravilhosos que os cidadãos do céu desfrutam e a linda descrição dos diferentes níveis dos reinos dos céus.

A Mensagem da Cruz

Uma poderosa mensagem para despertar todas as pessoas que estão dormindo espiritualmente. Nesse livro podemos ver porque Jesus é o único Salvador e encontrar o verdadeiro amor de Deus.

Inferno

Uma mensagem profunda de Deus, que não deseja que nem uma alma sequer vá para as proofundezas do inferno, a toda a humanidade! Você descobrirá coisas nunca antes reveladas sobre a cruel realidade do Ades e do Inferno.

Espírito, Alma e Corpo I & II

Um livro de explanações sobre a origem e forma de Deus, espaços do espírito, dimensões, e a Luz e as trevas, que nos apresenta os segredos para sermos pessoas plenamente espirituais que podem transcender limitações humanas.

A Medida da Fé

Que tipo de lar celestial, coroa e recompensa estão preparados para você no céu? Esse livro fornece, com sabedoria, meios para você medir sua fé e cultivá-la de modo a torná-la melhor e mais madura.

Desperta Israel

Por que Deus tem mantido Seus olhos sobre Israel desde o princípio do mundo até hoje? Que providência Sua tem sido preparada para Israel nos últimos dias, que espera pelo Messias?

Minha Fé Minha Vida I & II

A autobiografia do Dr. Jaerock Lee exala o mais fragrante aroma espiritual para seus leitores através de sua vida extraída do amor de Deus florescido em meio a ondas fortes, um jugo pesado, e profundo desespero.

Sete Igrejas

As profundas mensagens do Senhor despertando os crentes e igrejas de seu sono espiritual, enviadas às sete igrejas de Apocalipse capítulos 2 e 3, que se referem a todas as igrejas do Senhor.

www.urimbooks.com

www.ingramcontent.com/pod-product-compliance
Lightning Source LLC
LaVergne TN
LVHW041706060526
838201LV00043B/603